Ulrike Kaiser • Ilka Kunze

Kleines Thüringer Porzellanbuch

Rhino Westentaschen-Bibliothek
Band 83

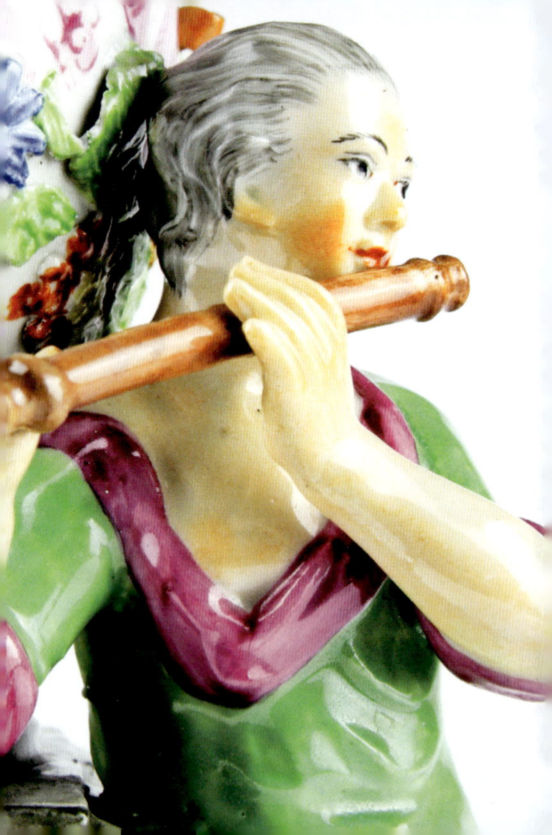

Ulrike Kaiser • Ilka Kunze

Kleines Thüringer Porzellanbuch

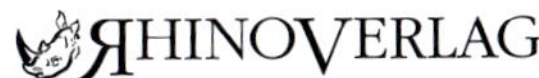

Trotz gewissenhafter Bearbeitung kann eine Haftung für den Inhalt nicht übernommen werden. Für aktuelle Ergänzungen und Anregungen ist der Verlag jederzeit dankbar. Wir bedanken uns bei allen, die uns unterstützt haben.

Fotos: Seite 2, 9, 10, 12, 15, 28, 29, 37 unten, 40 unten, 42, 43, 45, 46/47, 62, 65, 68, 71, 73, 75, 77, 85, 88, 89: Stiftung Leuchtenburg; Seite 7: Unifok Jena e.V.; Seite 16, 17, 83: Verein für Regional- und Technikgeschichte e.V., Hermsdorf; Seite 6, 19, 20: Residenzschloss Altenburg; Seite 21: Schloßmuseum Arnstadt; Seite 22: Thüringer Museum Eisenach; Seite 23: Museum Eisfeld, Foto: Heiko Haine; Seite 24: Angermuseum Erfurt, Foto: Dieter Urban; Seite 26 oben: Schatzkammer Thüringen, Foto: Marcus Glahn; Seite 26/27 unten: Böttgersteinzeug, Stiftung Schloss Friedenstein Gotha, Foto: Lutz Ebhardt; Seite 30: GoetheStadtMuseum Ilmenau, Foto: Thomas Wolf, Gotha, © GSM; Seite 31: Helmut Arenz Kulturstiftung; Seite 33: Stadtmuseum Jena; Seite 33, 53, 80 Porzellanmanufaktur Reichenbach; 34-36 Museum642 – Pößnecker Stadtgeschichte, Foto: Ulrich Fischer, Seite 37 oben: MEISSEN®; Seite 38/39, 41: 360Grad Drohnenfotografie, Daniel Suppe; Seite 40 oben, 86 oben: Die Porzellanmanufakturen, Volkstedt; Seite 44: Klassik Stiftung Weimar; Seite 48/49, 75 unten: KAHLA/Thüringen Porzellan GmbH; Seite 51, 63 unten, 87, 90, 91: Thüringer Tischkultur, Foto: Peter Eichler; Seite 54/55, 81: Eschenbach Porzellan; Seite 57, 86 unten: Wagner & Apel GmbH, Foto: zwei21 GbR; Seite 59, 63 oben: Könitz Porzellan GmbH; Seite 60, 61: Rudolf Kämmer Porzellanmanufaktur; Seite 64: Kati Zorn Porzellan; Seite 66: Laura Straßer, Foto: Milia Seyppel und Nina Struve; Seite 67 oben: Kerstin Kreller; Seite 67 unten: Claudia Bischoff; Seite 78: Top Press Friedhelm Berger; Seite 79: Paul Jonca, Erfurter Fotoclub; Seite 93: Nachlass Karl Otto Süße, Museum Leuchtenburg

Abbildung Seite 2: Hirtenfigur, Manufaktur Kloster Veilsdorf, modelliert von Pfränger sen., 1771, Sammlung Museum Leuchtenburg

Impressum

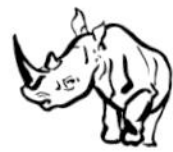

Am Hang 27, 98693 Ilmenau
Tel.: 03677 / 46628-0, Fax: 03677 / 46628-80
www.RhinoVerlag.de

Titelbild:	**Teekanne der Manufaktur Rauenstein, 1. Hälfte 19. Jh., Sammlung Museum Leuchtenburg**
Layout, Satz:	Stiftung Leuchtenburg / Verlag *grünes herz*®
Schrift:	Garamond
Titelgestaltung:	Jana Rogge, Weimar

1. Auflage 2020

ISBN: 978-3-95560-083-9

Inhaltsverzeichnis

Porzellanursprünge

Der Anfang gab's der Erde, die Erde den Händen, die Hände dem Feuer, das Feuer dem Licht zum Spiele: Hart, doch zart, undurchsichtig, doch klar: Das ist vollendet.

(aus dem Chinesischen)

Rund 1.000 Jahre früher als in Europa begann die Porzellangeschichte in China. Die Faszination, die das weiße, durchscheinende, zarte und doch so harte Material im Alten Europa auslöste, ist heute kaum vorstellbar.

Doch wer damals nur Essgefäße aus Holz, Ton, Glas oder Zinn kannte, der konnte das weiße Porzellan nur als ein Wunder ansehen.

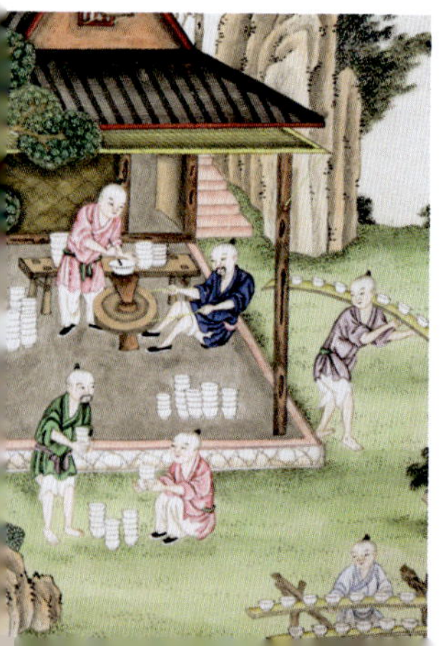

Porzellanherstellung in China, Tuschezeichnung aus dem chinesischen Bilderalbum, 1821, Schlossmuseum Altenburg

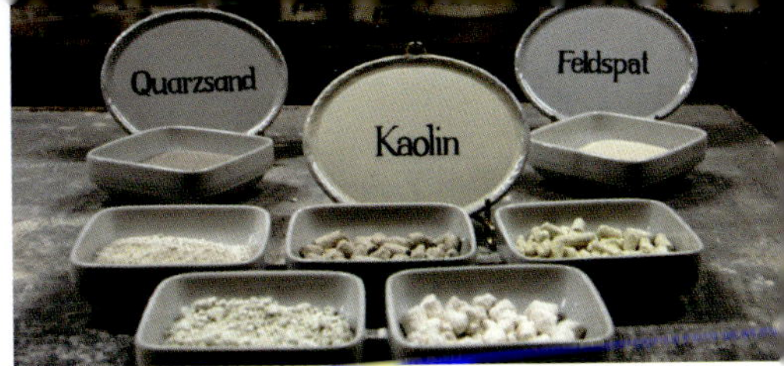

Die drei Porzellanbestandteile: Kaolin, Feldspat und Quarzsand

Porzellan besteht im Hauptbestandteil aus feiner weißer Tonerde, dem Kaolin (50 Prozent), Quarz und Feldspat (jeweils 25 Prozent). Die Rohstoffe werden gemahlen, gemischt, mit Wasser angereichert und dann im Gießverfahren oder durch Drehen in Form gebracht. Es erfolgt der erste Brand (bei etwa 1.000 Grad Celsius), wobei Wasser verdampft und ein noch poröser Rohling entsteht. Richtiges Porzellan bildet sich durch Sinterung erst beim zweiten Brand (bis 1.460 Grad Celsius), bei dem auch meist die Glasur aufgetragen wird. Sintern bezeichnet eine Vermischung von Stoffen durch Erhitzen, jedoch ohne ein völliges Aufschmelzen aller Stoffe, eher ein „zusammenbacken". Das gebrannte Stück verkleinert sich (Schwinden) durch diese Prozesse um bis zu 16 Prozent. Je nach

Dekorationswunsch wird das Porzellanstück dann bemalt oder in Schiebebildtechnik verziert, was teilweise einen weiteren Brennvorgang nach sich zieht.

Europäisches Porzellan

Mit der Verbreitung des Luxusartikels Porzellan aus China stieg in den Importländern die Begehrlichkeit, dieses selbst herstellen zu können. Es begann ein regelrechter Wettlauf um des Rätsels Lösung – welches Rezept musste man finden? Man experimentierte mit gemahlenen Muscheln und Eierschalen und erst auf dem Weg, echtes Gold herstellen zu wollen, gelang dem Schleizer Apothekersohn Johann Friedrich Böttger gemeinsam mit seinem Alchemistenteam in Meißen im Jahr 1708 der Durchbruch. Die als Staatsgeheimnis gehütete Zusammensetzung breitete sich dennoch rasant in Europa aus bzw. wurde unabhängig vom Meissner Wissen erneut gefunden. Die ersten Manufakturen waren: 1710 Meissen, 1717 Wien, 1720 Venedig, 1746 Höchst, 1747 Nymphenburg, 1751 Berlin, 1760 Thüringen.

Moderne Darstellung des Erfinders Johann Friedrich Böttger (vorn) und seiner Mitstreiter

Geschichte des Porzellans in Thüringen

Beste Voraussetzungen

„Es ist nemlich nichts anders als ein bloßer Sandstein, der an dießem Orte* in so großer Menge vorhanden, darinnen ich durch göttlichen Beystand die schönste und vortrefflichste Porcellan-Masse entdeckt habe." (Georg Heinrich Macheleid) [*gemeint ist Königsee]

Auch wenn ganze fünfzig Jahre zwischen der Entschlüsselung der Porzellanzusammensetzung in Meißen und dem unabhängig von diesem Wissen in Thüringen gefundenen Porzellanrezept liegen – traf dieser Industriezweig hier auf derartig positive Voraussetzungen, dass er bis heute nicht mehr wegzudenken ist. Quarz- und kaolinhaltige Sande und Erden waren ebenso vorhanden wie ausreichend Holz und Arbeitskräfte.

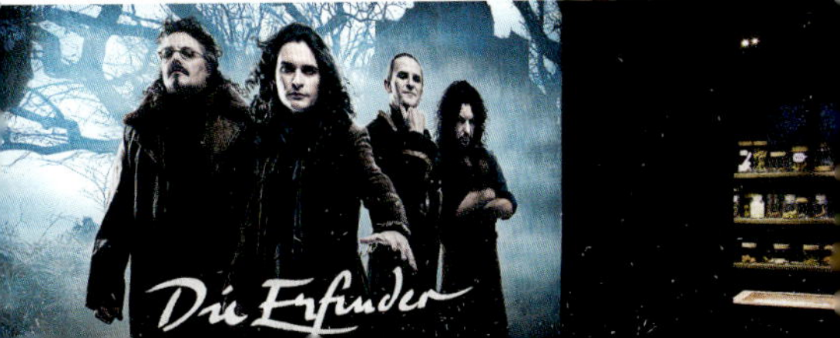

Durch die langjährige Thüringer Handwerkstradition in der Glas-, Fayence- und keramischen Industrie hatte man hervorragende Vorkenntnisse, insbesondere im Umgang mit Brennöfen.

Thüringer Erfindergeist

Drei Männer sollen unabhängig voneinander und von dem Wissen aus Meißen das Rezept aufgrund eigener Experimente und Erprobungen entschlüsselt haben: Georg Heinrich Macheleid (1723–1801), Wolfgang Hammann (1713–1785) und Johann Gotthelf Greiner (1732–1797). Und am Anfang stand auch gleich ein Wettlauf um die erste fürstliche Konzession: Am 8. September 1760 reichte Macheleid aus Cursdorf seine Proben beim Fürsten von Schwarzburg-Rudolstadt ein, mit der Bitte um Genehmigung für

Altthüringer Porzellankannen aus Wallendorf (außen) und Rauenstein (Mitte)

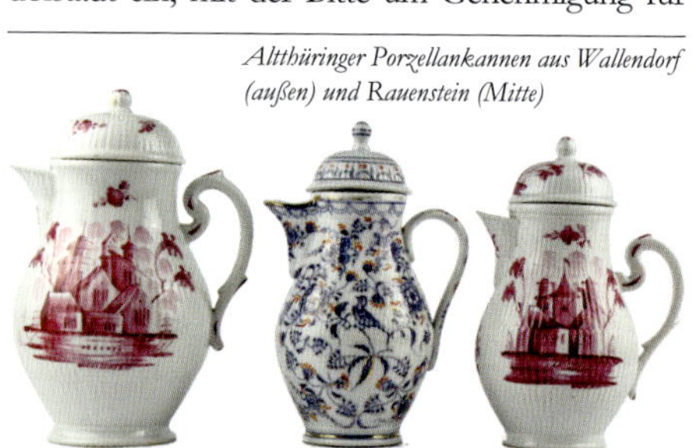

eine Porzellanfabrik in Sitzendorf. Als nur vier Tage später, am 12. September, der schwarzburgische Hütteninspektor Wolfgang Hammann mit dem gleichen Ansinnen beim Fürsten vorsprach, hatte jener bereits das Nachsehen. Das fürstliche Privileg mit Produktionsrecht und Versorgungsgarantie mit fürstlichem Holz erging am 4. Oktober 1760 an Macheleid – der offizielle Tag der Geburtsstunde des Thüringer Porzellans. Zunächst erscheint verwunderlich, dass es eine noch ältere Gründung gibt: 1757 wurde in Gotha die erste Thüringer Porzellanmanufaktur durch den Oberhofmeister und Kammerpräsidenten Wilhelm von Rotberg gegründet. Doch man weiß, dass erste zufriedenstellende Ergebnisse in Porzellan erst 1767 vorgelegt werden konnten. Hammann bewies nach seiner Ablehnung Kreativität und Unternehmergeist und erwarb im benachbarten Fürstentum Sachsen-Coburg-Saalfeld das Rittergut Wallendorf, in dem nach erteilter Konzession im Jahr 1764 der Betrieb aufgenommen werden konnte. Zunächst galt das Gesetz, dass in jedem Thüringer Herzog- oder Fürstentum nur eine Porzellanfabrik bestehen durfte. Doch in Anbetracht der

Thüringer Kleinstaaterei entstanden die Fabriken trotzdem in einer so hohen Dichte, dass die einheimischen Märkte nicht ausreichten.
Die dritte Unternehmerpersönlichkeit, Johann Gotthelf Greiner, stammte aus einer weitverzweigten Glasmacherfamilie. Als Mitte des 18. Jhs. durch den aufkommenden Porzellanmarkt der Glasabsatz zurückging, erforschte Greiner zusammen mit seinem Vetter die zufälligen Porzellanablagerungen, die sich bei der

Figurengruppe „Opfer der Hymen", Manufaktur Kloster Veilsdorf, modelliert von Kotta, um 1778

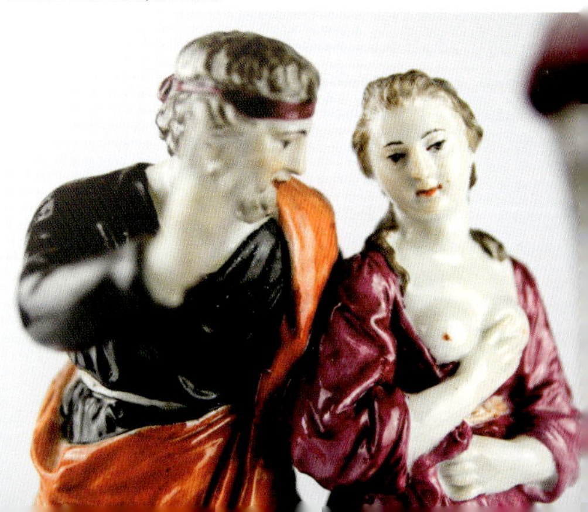

Glasherstellung an den Wannen aus kaolinhaltigem Ton bei den hohen Schmelztemperaturen bildeten. Auch er löste das Rätsel und stieg anfangs in das Unternehmen von Hammann in Wallendorf mit ein. 1772 gründete er eine eigene Manufaktur in Limbach. Oftmals wird Johann Gotthelf Greiner als Vater des Thüringer Porzellans bezeichnet, da die Produktion zahlreicher Firmen, darunter neben Limbach auch Großbreitenbach, Rauenstein, Kloster Veilsdorf und Ilmenau, in den Händen des „Greinerschen Porzellanimperiums" lag und diese dadurch prägend für die Porzellangeschichte wurden.

Die Erschließung neuer Käuferschichten und die Entwicklung eines auf die Bedürfnisse von Bürgern und Bauern angepassten Sortiments ist explizit dem Thüringer Erfindergeist zuzuschreiben. Damit erlangte das Porzellan an der Wende vom 18. zum 19. Jh. den Durchbruch vom ehemaligen Luxusgut zum allgemeinen Gebrauchsgegenstand und das kleine Land Thüringen eine unternehmerische Führungsrolle der europäischen Porzellanindustrie.

Nischenbildung & Innovation

Ein Wort prägt die Branche in Thüringen im völligen Kontrast zum Nachbarland Sachsen von Anbeginn ihrer Entwicklung: Konkurrenzdruck. Und daraus folgend: Nischenbildung, Erfindergeist und Innovation. Betrachtet man die Gesamtentwicklung der Thüringer Porzellanproduzenten vom 18. bis zum 21. Jh., wird ein Auf und Ab sichtbar. Den Gründerjahren nach der Entschlüsselung des Geheimnisses folgten Aufbruchjahre und vor allem in Süd- und Ostthüringen schien ein „Porzellanfieber" breite Teile der Gesellschaft gepackt zu haben. Der Boom hielt im Großen und Ganzen bis zum Ersten Weltkrieg an. Kein anderes europäisches Land entwickelte sich flächendeckend derart zum Porzellanland, wie das kleine Thüringen. Was die Dichte an Firmen und Durchdringung des Produktes innerhalb der Gesellschaft ausmacht, stand Thüringen um 1900 weltweit mit an erster Stelle. Eine Betriebszählung im Jahr 1907 konstatiert, dass die Thüringer Porzellanindustrie 22.716 Personen beschäftigte, darunter 7.734 Frauen. Damit lag Porzellan an vierter Stelle der Wirtschaftskraft im Freistaat

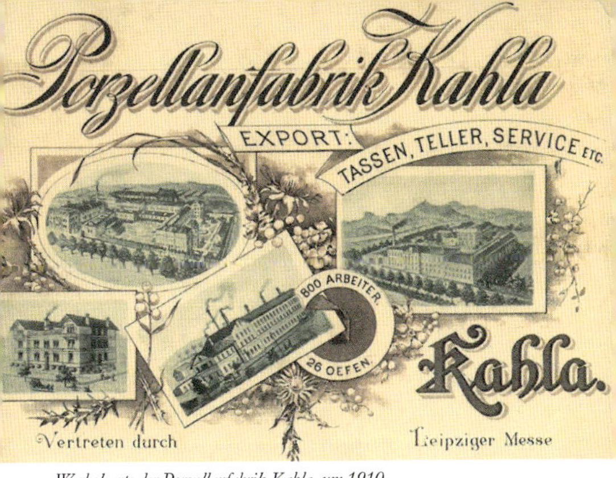

Werbekarte der Porzellanfabrik Kahla, um 1910

nach den Bereichen Textil, Handel und Bau. Besondere Bedeutung erlangte das Elektroporzellan mit dem Werk in Hermsdorf, das den deutschen Elektroporzellanmarkt um 1900 zu 80 Prozent dominierte. Den ersten deutlichen Abschwung brachte die Weltwirtschaftskrise und weitere Dezimierungen forderten der Zweite Weltkrieg und zahlreiche Enteignungen in der Folge. Der Zusammenschluss einzelner Betriebe zu Kombinaten in der DDR-Zeit und die volkswirtschaftlichen Betriebsansätze ließen die Porzellanbranche wieder erstarken.

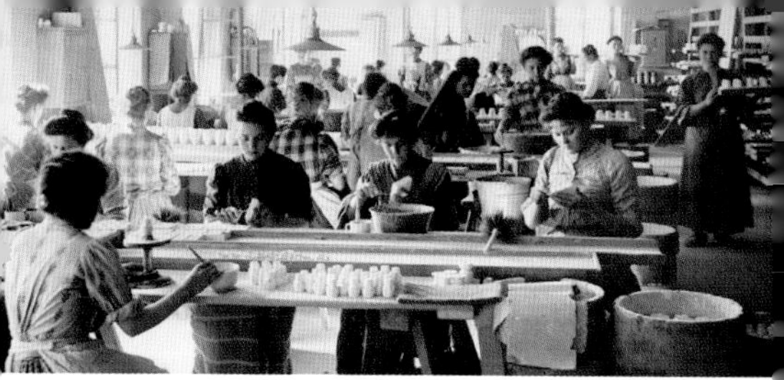

Porzellanarbeiterinnen im Hermsdorfer Werk, um 1900

KAHLA Porzellan etablierte sich um 1961 als größte Porzellanfabrik erneut (erstmals nach 1912) als Marktführer in ganz Europa. Umso schmerzhafter waren für die Beschäftigten der gesamten Porzellanbranche die Erlebnisse nach der „Wende", als der Überlebenskampf in der Marktwirtschaft begann und thüringenweit etliche „Opfer" an Porzellantradition inkl. ihrer Mitarbeiter forderten. Schließungen, Verkleinerungen, Umstrukturierungen – das Thüringer Porzellan passte sich an, fand neue Nischen in Design, Luxus, Lifestyle parallel zu traditionellen Formen und Dekoren. „Design oder nicht Sein", so der kluge Leitspruch des KAHLA-Erneuerers Günther Raithel, der den Betrieb nach der Wende zu neuer Blüte brachte. Wirtschaftliche Herausforderungen der 2010er Jahre dünnten die Porzellanlandschaft deutschlandweit weiter aus. Altehrwürdige Thüringer Namen wie Lichte, Wallendorf und Weimar Porzellan, sind nunmehr ausschließlich Teil der Porzellangeschichte.

In der Porzellanfamilie, die neben dem Zier- und Gebrauchsporzellan auch das technische Porzellan einschließt, kann die Thüringer Hochleistungskeramik aufgrund ihrer breit aufgestellten Anwendungsbereiche die besten Zukunftsprognosen verbuchen: Dank der hervorragenden Eigenschaften des Porzellans bzw. der Keramik (säurebeständig, hygienisch, widerstandsfähig, hart etc.) ermöglichen Anwendungsgebiete in der Raumfahrt, Automobilindustrie, Medizintechnik uvm. dem Material eine neuen Aufschwung.

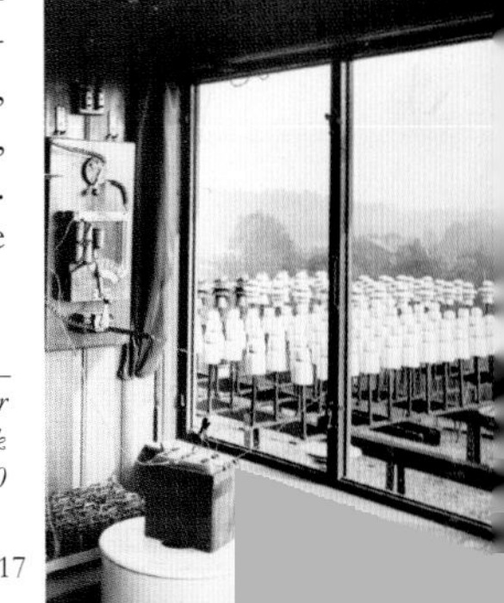

Elektrisches Versuchsfeld der Hermsdorfer Porzellanfabrik um 1900

Thüringer Porzellan heute – hier wird Porzellangeschichte lebendig

Museen bewahren nicht nur das Erbe und den Wissensschatz der Thüringer Porzellantradition. Fürstliche Residenzen verfügen über herausragende Sammlungen und Porzellankabinette, die ostasiatische und europäische Porzellanhöhepunkte prunkvoll präsentieren. Der Aura des Originalen und Alten kann sich keiner entziehen. Geschickte Darstellungen und Inszenierungen in fast 20 Thüringer Kulturhöhepunkten versetzen den Betrachter in vergangene Zeiten, als die Rezeptur des Porzellans das wichtigste zu lüftende Geheimnis war und der gesamte Adel Europas vom weißen Gold magisch verzaubert schien. Thüringen kann stolz auf das neu geschaffene Kompetenzzentrum für Thüringer Porzellan mit der Erlebnisausstellung „Porzellanwelten“ auf der Leuchtenburg bei Kahla sein, die europaweit ihres Gleichen sucht. Im Folgenden werden die Orte vorgestellt, an denen Porzellanproduktion und -geschichte erlebbar sind.

Blick in die Porzellanausstellung des Altenburger Schlosses

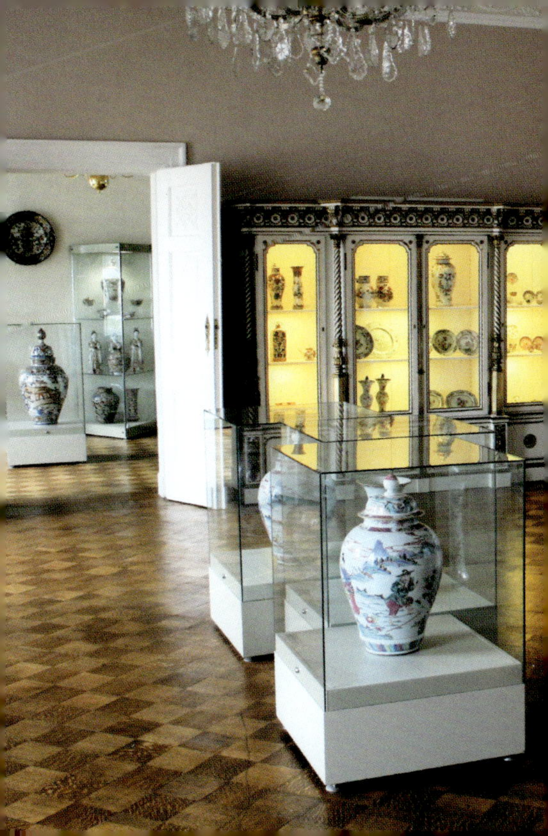

Altenburg

Residenzschloss

Im Altenburger Residenzschloss zeugen beeindruckende Porzellankostbarkeiten von der Faszination des weißen Goldes, die am fürstlichen Hof zur Unterstreichung der eigenen Macht und Kunstsinnigkeit in Kabinetten inszeniert wurden. Im Fall des Altenburger „Sybillenkabinetts“ aus dem Jahr 1734/35 wurde sogar eine künstliche Grotte, verziert mit Muscheln und Glimmer, als besonderer Blickfang in das Gesamtkunstwerk des Raumes mit Schaustücken aus Porzellan und Glas integriert. Zweiter Porzellanhöhepunkt des Schlosses ist die erlesene Porzellansammlung des berühmten Staatsmannes, Juristen und Wissenschaftlers Bernhard August von Lindenau (1779–1854), der seiner Heimatstadt Kunstsammlungen von internationaler Bedeutung übereignete.

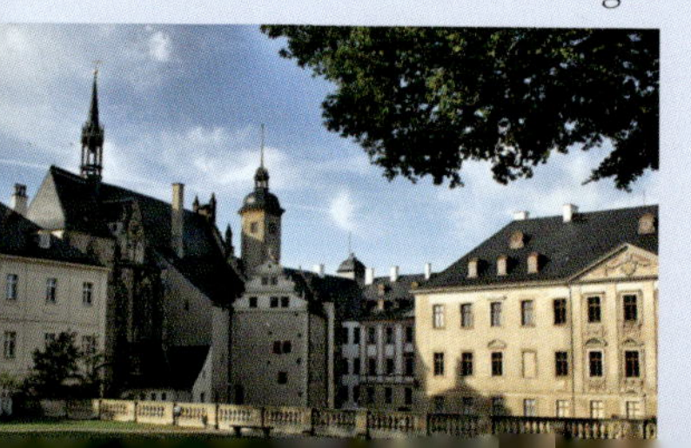

Schlossensemble Altenburg

Arnstadt
Schloßmuseum

Staunen erweckte Fürst Günther I. von Schwarzburg-Sondershausen, als Gäste das Spiegel- und Porzellankabinett in seinem Schloss betraten und die Faszination hält bis heute an: 763 geschnitzte und vergoldete Konsolen im Originalzustand des frühen 18. Jhs. tragen eine beeindruckende Fülle an ostasiatischen und europäischen Porzellanschätzen. Neben etwa 40 Serviceteilen und 70 Figuren aus Meißner Porzellan und Böttgersteinzeug lassen sich rund tausend Porzellane aus China und Japan im Kabinett nachweisen. Ebenso faszinierend ist die Puppenstadt „Mon plaisir“ mit 82 Szenen und insg. 391 Figuren, darunter Porzellankostbarkeiten en miniature. Fürstin Auguste Dorothea von Schwarzburg-Arnstadt legte sie in der ersten Hälfte des 18. Jhs. an.

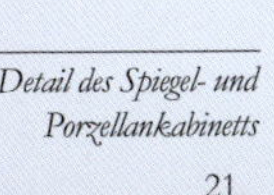

Detail des Spiegel- und Porzellankabinetts

Eisenach

Thüringer Museum

In Eisenach am Fuße der Wartburg gab es nie eine Porzellanmanufaktur, doch die Sammlung des Thüringer Museums ist eine der bedeutendsten für Altthüringer Porzellane. Insbesondere unter dem Museumsleiter Helmut Scherf, der die Forschung zum Thüringer Porzellan neu belebte und wichtige Standardwerke dazu publizierte, wurde sie intensiv ausgebaut. Neben den vielen herausragenden Stücken bleiben die original ausgestattete Alchemistenküche aus dem 17. Jh. und das um 1780 in Limbach hergestellte Haartrachtenservice sicher unvergessen. Kannen, Tassen und Teller ziert eine Bemalung mit Damen und ihren extravagant frisierten Haaren – in einer Frisur schwimmt sogar ein viermastiges Handelsschiff.

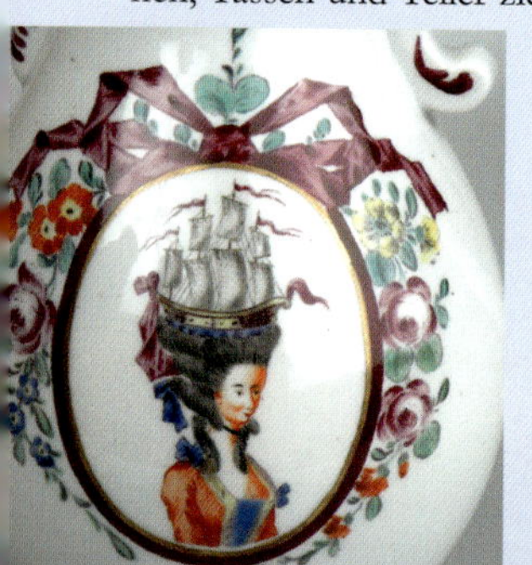

Detail des Haartrachtenservices, Manufaktur Limbach, um 1775

Eisfeld

Museum „Otto Ludwig“

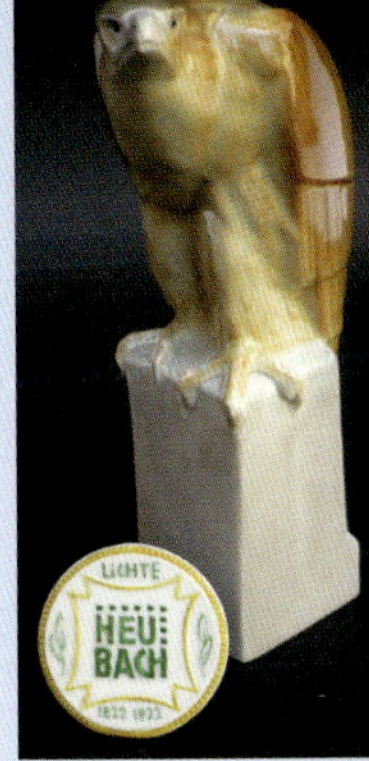

Adler auf Felsen, Gebr. Heubach, Lichte, 1920

Hinter den Mauern des Eisfelder Schlosses verbirgt sich eine unvergleichliche Porzellansammlung, die dem Besucher alle wesentlichen Seiten in der Geschichte des Thüringer Porzellans von seinen Anfängen bis in die Gegenwart veranschaulicht. Ein Schwerpunkt der Sammlung liegt auf Altthüringer Porzellanen und deren Aufbau durch die weit verzweigte Familie von Gotthelf Greiner, einem der Väter des Thüringer Porzellans. Ein weiterer liegt auf den qualitätsvollen Porzellanen aus Lichte (Gebrüder Heubach), Wallendorf und Unterweißbach (Schwarzburger Werkstätten) aus der Zeit um 1910 bis 1930. Darunter Porzellanplattenmalereien in einer Fülle und Kunstfertigkeit, wie sie an keinem anderen Ort zu sehen sind. Zum Museum gehört eine Bibliothek mit Urkunden, Akten, Musterbüchern und Schriften der Thüringer Porzellangeschichte.

Angermuseum

Der ehemalige Erfurter Pack- und Waagehof mit seiner reich verzierten Prunkfassade gehört zu den schönsten historischen Bauwerken der Altstadt. Neben Malerei und mittelalterlicher Kunst sind darin Werke aus 16 Sammlungsbereichen zu bestaunen. Darunter befinden sich Porzellane, die einen Überblick über alle Thüringer Manufakturen des 18. und 19. Jhs. bieten und auch die Klassische Moderne sowie die moderne Gegenwartskunst einschließen. Ein weiterer Höhepunkt wird im Schaudepot der Museen der Stadt Erfurt im Benary-Speicher präsentiert: Hans-Helmut Kämmerer schenkte als Nachfahre einer berühmten Erfurter

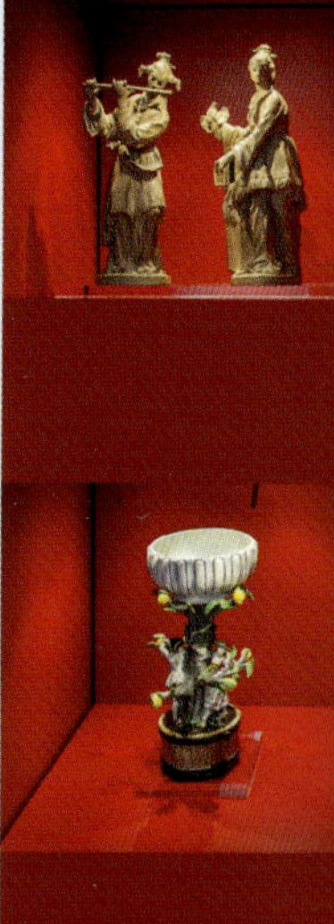

Porzellanschätze aus dem Angermuseum

Kaufmannsfamilie dem Angermuseum Erfurt hunderte Exponate. Thüringer Porzellanschätze aus dem Privatbesitz von Christian Nonne (1733–1813), der Pächter der Manufakturen in Volkstedt und Ilmenau war und beiden Betrieben zu einer künstlerischen und wirtschaftlichen Blütezeit verhalf.

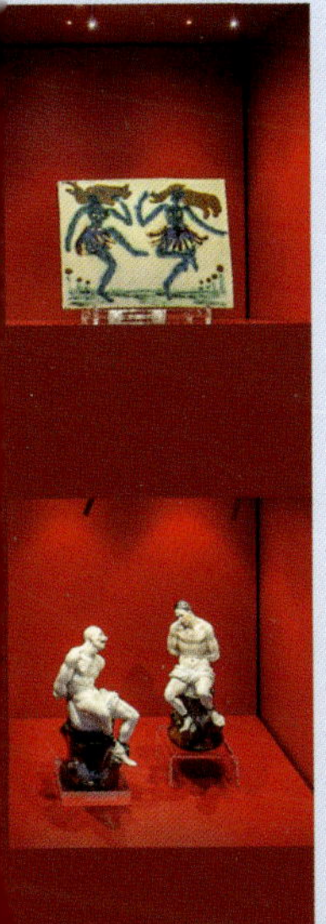

Gera

Museum für Angewandte Kunst

Im „Ferberschen Haus" sind hochwertige Stücke der Angewandten Kunst des 20. Jhs. zu bestaunen. Der wertvollste Teil: Bauhauskeramiken der Töpfer Otto Lindig und Theodor Bogler, sowie Fotografien von Aenne Biermann. Produkte aus der Porzellanfabrik Gera-Untermhaus (1779) werden ebenso präsentiert, wie Studioporzellane einzelner wegweisender Künstler internationaler Porzellanworkshops.

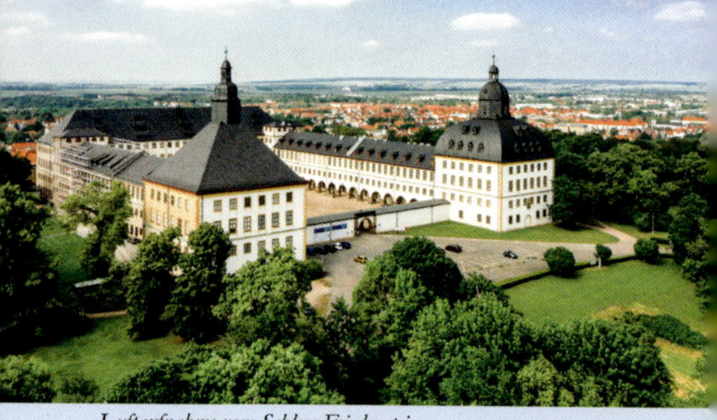

Luftaufnahme vom Schloss Friedenstein

Gotha

Schloss Friedenstein

Gotha bietet ein weltweit einzigartiges barockes Erbe, das neben dem Schloss Friedenstein mit seinen original ausgestatteten Innenräumen und dem bemerkenswerten Schlosspark verschiedene kunstgeschichtliche, historische und naturkundliche Sammlungen umfasst. Eine der qualitativ hochwertigsten stellt die der Keramik dar, die sich von urgeschichtlichen Gefäßformen über die florierende Barockzeit bis zur Moderne erstreckt. Zu den Höhepunkten zählen hier die fürstlichen Sammlungen des 18. Jhs., als Voltaire, Friedrich der Große oder Goethe am Hofe verkehrten. Jene Porzellansammlung umfasst nicht nur Spitzenstücke aus Meißen und China, auch der Bestand an „rotem Gold" – Böttgersteinzeug – ist von Weltformat. Besonderer Schatz ist das zwischen 1723 und 1726 eingerichtete Porzellankabinett von dem der Preußenkönig als „kleines Porzellanheiligtum" schwärmte.

Sechs Figuren der Commedia dell'arte, 1710, Böttgersteinzeug

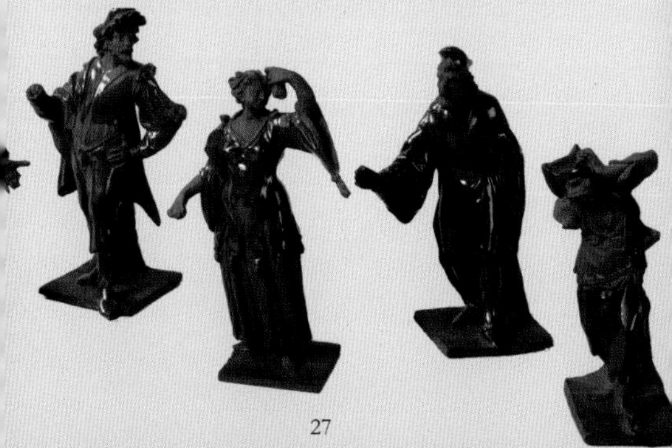

Großbreitenbach

Thüringer Wald Kreativ-Museum

In einem sanierten Wohn- und Geschäftshaus mit originaler Innenausstattung aus dem frühen 18. Jh. werden Einblicke in verschiedene Lebens- und Arbeitswelten der Region gegeben. Thüringer Porzellangeschichte mit Schwerpunkt auf Porzellanplattenmalerei, Porzellanpfeifenköpfe und Großbreitenbacher Porzellan werden gezeigt, denn die kleine Stadt im Thüringer Wald war Porzellanhochburg mit mehr als 1.000 Beschäftigen um 1900. Um den Nachwuchs auszubilden, gab es ab 1872 eine renommierte kunstgewerbliche Zeichen- und Modellierschule.

Detailzeichnung auf einer Kanne, Porzellanmanufaktur Volkstedt, 1770

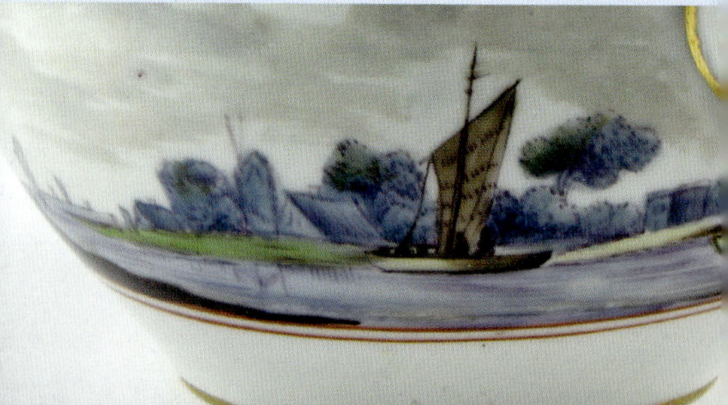

Exkurs: Strohblumendekor & gebrochener Stab

Das weltweit bekannte Strohblumendekor hat nichts mit heimischen, asternartigen Strohblumen zu tun, sondern zeigt stilisierte Chrysanthemen und Pfingstrosen. Die Meißner Manufaktur entwarf um 1740 nach chinesischem Vorbild dieses Dekor, was vorwiegend auf die „gerippte“ Wandung der Form aufgetragen wurde. Dies bedeutet, dass die sichtbare Oberfläche der Porzellanstücke gleichmäßig gerippt waren und die Rippen immer etwas versetzt weitergeführt wurden. Diese Oberflächengestaltung wird auch gebrochener Stab genannt. Das Strohblumendekor wurde seither von vielen Fabriken weltweit übernommen, darunter zahlreiche in Thüringen.

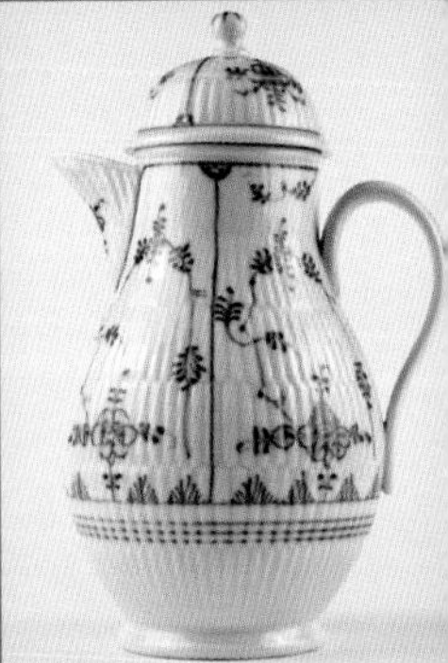

Kännchen mit Strohblumendekor und gebrochenem Stab, Großbreitenbach, um 1850

Ilmenau

GoetheStadtMuseum

Ein Schwager aus dem Greiner-Porzellanimperium, Johann C. Z. Gräbner, gründete im Jahr 1777 die Ilmenauer Porzellanfabrik. Nach finanziellem Missgeschick Gräbners übernahm Gotthelf Greiner ab 1786 die Leitung. Zur Blüte gelangte die Fabrik unter dem nachfolgenden Besitzer Christian Nonne, der bereits erfolgreicher Unternehmer in der Manufaktur Volkstedt war. Insbesondere die unter seiner Zeit entstandenen blau-weißen „Wedgwood Medaillons“, benannt nach ihrem Erfinder Josiah Wedgwood (Großvater Charles Darwins), wurden ein Modeschlager. Ilmenau firmierte 1871 als erste Porzellanfabrik in Deutschland als Aktiengesellschaft und gab sich 1934 den Markennamen „Graf von Henneberg“. 3.000 Menschen waren um 1980 hier beschäftigt, bis 2002 die Produktion aufgegeben werden musste.

Daneben gibt das Museum Einblicke in das Wirken Goethes, der 26 Mal in Ilmenau weilte.

Biskuitmedaillon mit Darstellung der Heiligen Familie

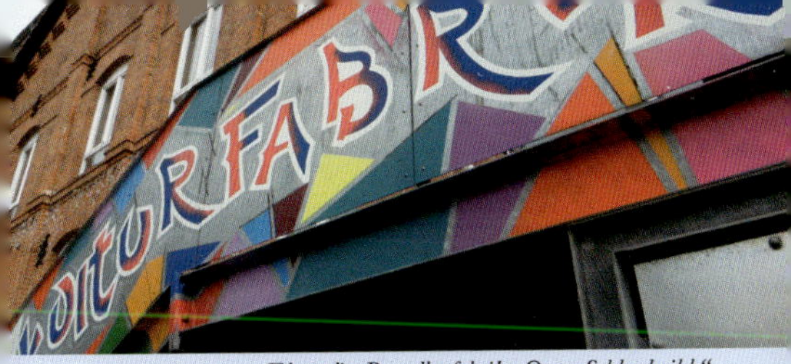

Ehemalige Porzellanfabrik „Oscar Schlegelmilch"

Langewiesen

Kulturfabrik der Helmut Arenz Kulturstiftung

Die Kulturfabrik Langewiesen, direkt am Ilmtal-Radweg gelegen, ist ein gelungenes Beispiel, wie neues, frisches und kulturelles Leben in alte Fabrikgebäude und scheinbar untergegangene Porzellangeschichte einziehen kann. Die 1892 hier gegründete Porzellanfabrik „Oscar Schlegelmilch" stand bereits 33 Jahre leer, als die neue Eigentümerfamilie Arenz mit einer Stiftungserrichtung die Kulturförderung und Museumsbetreibung ins Leben rief. Das Museum zeigt die schönsten Exponate der ehemaligen Porzellanmanufaktur und lädt darüber hinaus ein, sich im Generationenaustausch Zeit für Kultur zu nehmen.

Jena
Stadtmuseum

Sie bestand kaum dreißig Jahre (1901–1929) und war doch stilprägender Ausdruck einer neuen Zeit: Die „Porzellan-Manufaktur Burgau a. S. Ferdinand Selle“. Unternehmer Ferdinand Selle war mit seiner Firma Mitglied im 1907 gegründeten Deutschen Werkbund, der zweckbestimmte Formgebung ins Zentrum stellte. Namhafte zeitgenössische Künstler, darunter Henry van de Velde, Albin Müller oder Rudolf Wille, konnten für die Gestaltung von Haushalts- und Gastronomiegeschirr sowie Mokkatassen gewonnen werden.
Das Jenaer Stadtmuseum besitzt die umfassendste Sammlung der verschiedenen Formen und Dekore, die zwischen 1901 und 1927 in der Burgauer Manufaktur hergestellt wurden. In der Dauerausstellung des Museums wird eine Auswahl gezeigt, darunter van de Veldes berühmtes Gedeck. Das Werkverzeichnis ist im Museumsshop erhältlich.

Replik eines Gedecks von Henry van de Velde

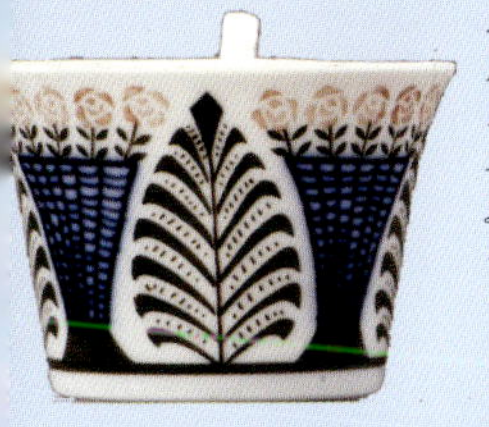

Mokkatasse, Porzellanmanufaktur Burgau a. S., 1901–1929
Ausdruck einer neuen Reformbewegung: Qualitätsvolles Jugendstilgeschirr im Kontrast zu „parfümierter Limonade", wie der Gründer der Schwarzburger Werkstätten, Max Pfeiffer, einige thüringische Porzellanerzeugnisse um die Jahrhundertwende bezeichnete.

Tipp: Die in Jena-Burgau lebende Künstlerin Christine Klauder schuf in Zusammenarbeit mit der Porzellanmanufaktur Reichenbach eine Replik eines Gedecks von Henry van de Velde. Der Künstler lieferte den Entwurf für Burgau im Jahr 1906 und erweiterte das Gedeck im Auftrag Selles 1914 zum Service.

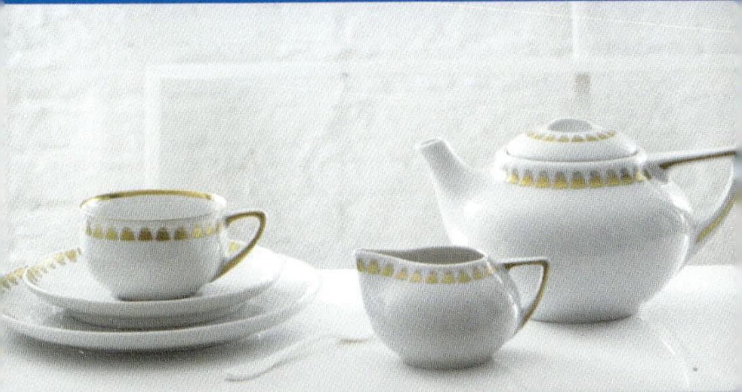

Pößneck

Museum 642 – Pößnecker Stadtgeschichte

Im Fokus der stadtgeschichtlichen Sammlung steht das Erbe eines bedeutenden Wirtschaftsunternehmens, der Firma Conta & Böhme.

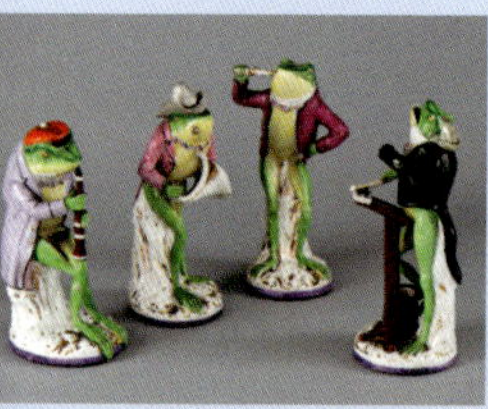

Froschkapelle der Firma Conta & Böhme

Unter den weltweiten Exportschlagern des Thüringer Porzellans im 19. Jh. ragen kleine Gebrauchs- und Zierartikel dieser im Jahr 1800 gegründeten Pößnecker Porzellanfirma heraus. Zunächst eroberte sie um 1840 mit leicht frivolen, auch als Nippes bezeichneten Figuren, Schmuck- und skurrilen Tabaksdosen den englischen und zwanzig Jahre später den amerikanischen Markt. Internationale Anerkennung brachten nicht nur volle Auftragsbücher, sondern auch eine Goldmedaille auf der Londoner „Industrieausstellung aller Völker“ 1851 und einen ersten Preis auf der Weltausstellung 1880 in Melbourne. Um 1860 hatte sich die Firma zur damals größten thüringischen Porzellanfabrik mit 700 Beschäftigten entwickelt. Der Ausbruch des Ersten Weltkrieges läutete für das Unternehmen, das derart auf den Export eingestellt war, den Untergang ein. 1931 wurde die Produktion eingestellt – die Stücke bleiben im Museum und bei zahlreichen Sammlern unvergessen.

Einblick in die Ausstellung zur Pößnecker Porzellanindustrie

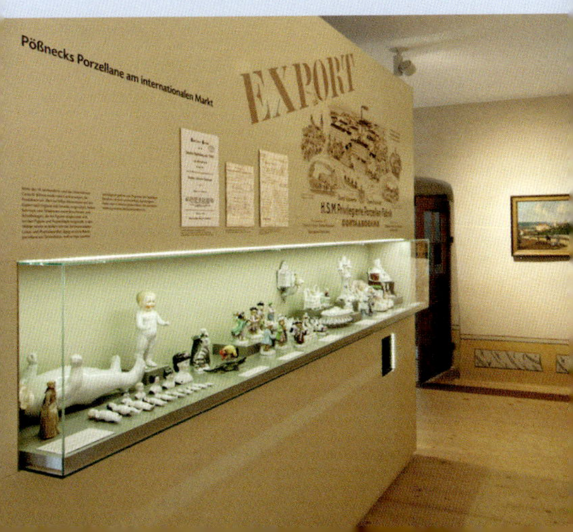

Rauenstein

Museum Neues Schloss Rauenstein

Rauensteiner Porzellan verhalf nicht nur einem leerstehenden Schloss zu neuem Leben, sondern brachte einer ganzen Region wirtschaftlichen Aufschwung. 147 Jahre lang wurde hier seit Gründung durch die Greiner-Familie im Jahr 1783 Porzellan hergestellt. Große Verbreitung fand das beliebte Vogelblumendekor.
1906 beschäftigte die Fabrik 650 Arbeiter und eroberte mit „Delfter Ware" den Holländischen Markt. Dort trat man in offensive Konkurrenz zu Delfter Fayencen, übernahm deren Motive auf Porzellan und nutzte das Wort Delft als Bodenmarke. Nicht verwunderlich, dass die Delfter gerichtlich dagegen vorgingen, wobei die Rauensteiner den Prozess mit der unglaublichen Begründung gewannen, „Delft" sei bei ihnen nur die Abkürzung für „der Esel läuft fortwährend Trab".

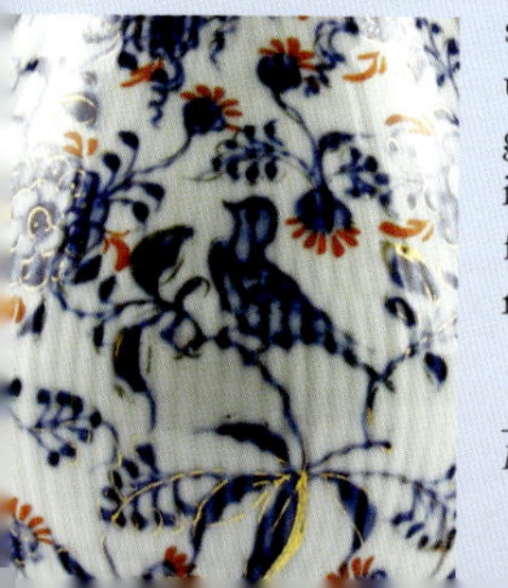

Detail des Rauensteiner Vogelblumendekors

Exkurs: Mit gekreuzten Schwertern auf in den Glücksfeldzug

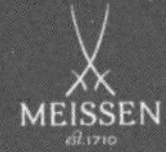

Es gab fast keinen, der es nicht tat: Sie kreuzten Scheren, Fähnchen und Heugabeln, spiegelten das L von Limbach oder versahen das W von Wallendorf mit abwechselnd langen und kurzen Anstrichen. Auch das Markenzeichen von Rauenstein sieht dem großen Vorbild verdächtig ähnlich und auf Nachfrage der kursächsischen Inspekteure war das V von Kloster Veilsdorf natürlich nur zufällig gekreuzt geraten: Die legendären Meissner Kurschwerter. Sie standen als Vorbild am großen Porzellanhimmel und ihre bis heute ungebrochene Markenkraft und Faszination regte für eine Umsatzsteigerung so manchen zur Imitation an.

Bodenmarken der Manufakturen
oben: MEISSEN | unten: v. l. Großbreitenbach | Limbach | Wallendorf | Wallendorf | Rauenstein | Gera | Volkstedt | Volkstedt | Pößneck | Volkstedt

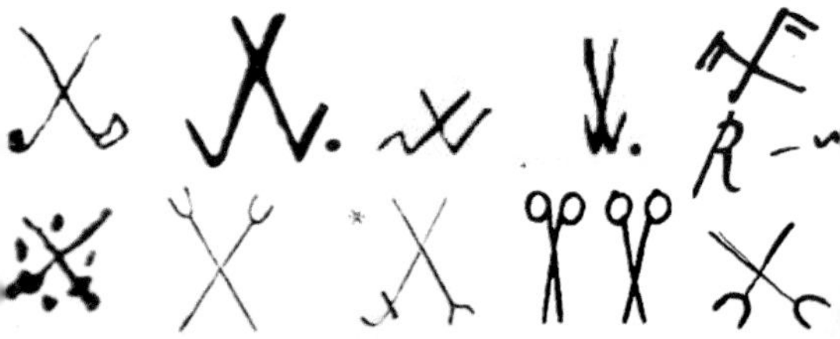

Rudolstadt

Thüringer Landesmuseum Heidecksburg

Rudolstadt am Fuße der Heidecksburg und sein Ortsteil Volkstedt waren seit Anbeginn der Thüringer Porzellangeschichte eine Hochburg des weißen Goldes. Bis heute wird diese Tadition gelebt, auch wenn einige renommierte Firmennamen wie Karl Ens und Albert & Stahl nur noch Historie sind. Fünf heute noch produzierende Marken werden unter dem Dach „die porzellanmanufakturen" in der Aeltesten Volkstedter Porzellanmanufaktur zusammengeführt. Daneben halten die geschäftstüchtigen Kleinbetriebe Rudolf Kämmer und Thomas Kämmer die Porzellantradition frisch und lebendig. Nicht verwunderlich daher, dass im berühmten Prunkschloss Heidecksburg über der

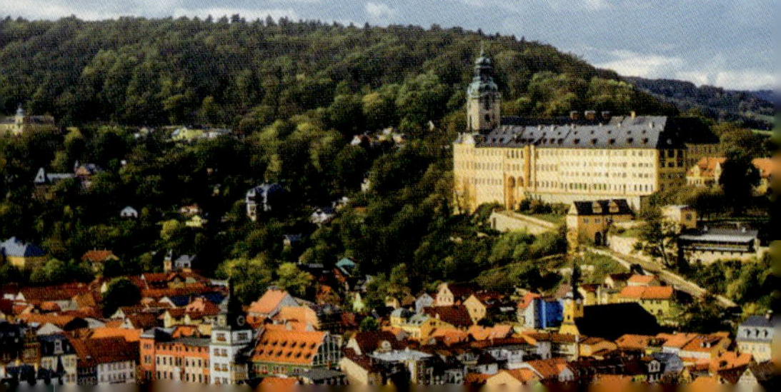

Stadt erlesenste Porzellanschätze in barocken Räumen präsentiert und der Forschungsstand insbesondere zu den Schwarzburger Werkstätten und Volkstedter Porzellanen wesentlich vorangetrieben wird. Fürst Johann Friedrich von Schwarzburg-Rudolstadt war es, der von seiner Residenz im Schloss aus mit der Konzessionserteilung an Georg Heinrich Macheleid im Jahr 1760 den formellen Grundstein der Porzellangeschichte in Thüringen legte. In der ehemaligen „Großen Hofstube" im Eingangsbereich der Heidecksburg werden Kostbarkeiten präsentiert, darunter Modelle der Schwarzburger Werkstätten für Porzellankunst von Gerhard Marcks und Ernst Barlach sowie prunkvolle Tafelgeschirre des Rudolstädter Hofes aus der Volkstedter Manufaktur.

Luftaufnahme von Rudolstadt mit der Heidecksburg

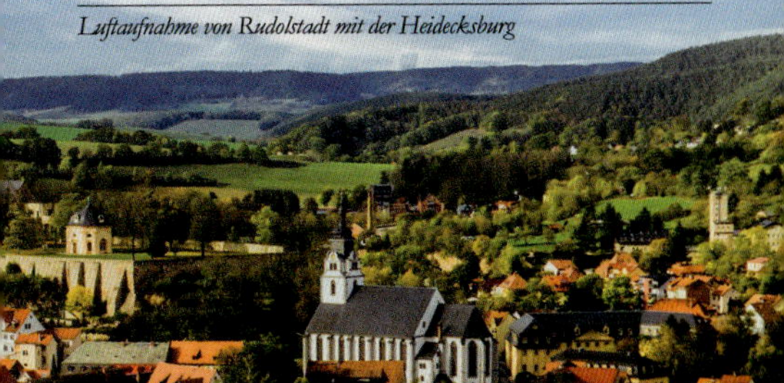

Exkurs: Volkstedter Großplastiken und die Schwarzburger Werkstätten

Die Vielfältigkeit der Thüringer Betriebe, ihre unterschiedlichen Absatzmärkte und Strukturen, ließen und lassen bis heute hoch anspruchsvolle Objekte und ebenso einfache für kleinere Geldbeutel entstehen. In gleicher Zeit, als niedrigpreisige Jahrmarktartikel weltweiten Absatz fanden, entstanden auch künstlerisch anspruchsvolle Werke. Herausragend sind die Großplastiken aus der Zeit um 1920, die in der Aeltesten Volkstedter Porzellanfabrik von den Künstlern Hugo Meisel und Arthur Storch für das „Porzellan-Palais" der Leipziger Messe ausgeformt wurden. Auch die im Jahr 1909 formierten „Schwarzburger Werkstätten für Porzellankunst" hatten sich zum Ziel gesetzt, die Porzellanplastik aufzuwerten. Die von Ernst Barlach gestalteten Modelle erzielten auf der Weltausstellung in Brüssel Goldmedaillen.

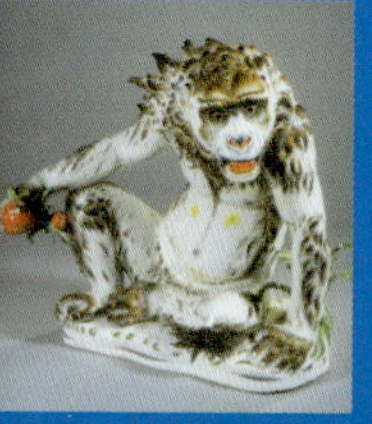

Waldmensch, A. Storch, 1921

Kleine Sitzende, Schwarzburger Werkstätten, M. Poelzig-Moeschke, 1919

Seitenroda

Porzellanwelten Leuchtenburg

Moderne Ausstellungsmethodik, unkonventionelle Ideen und der unbedingte Wille, Porzellan sinnlich überraschend und anders als gewohnt zu präsentieren, charakterisieren das 2014/15 neu eingerichtete Museum auf der Leuchtenburg oberhalb der Porzellanstadt Kahla. Im Kontrast zu den alten Burgräumen der Höhenburg erhält das Material Porzellan durch die in der Ausstellung „Porzellanwelten" hervorgerufene emotionale Berührung eine neue, begehrliche Aura. Gäste erleben ein chinesisches Schattentheater, bestaunen in der Wunderkammer die verzauberten und sich bewegenden Bilder, mischen selbst die geheime Rezeptur. Ehrfürchtig stehen sie vor der mit acht Metern weltgrößten

Luftaufnahme der Leuchtenburg

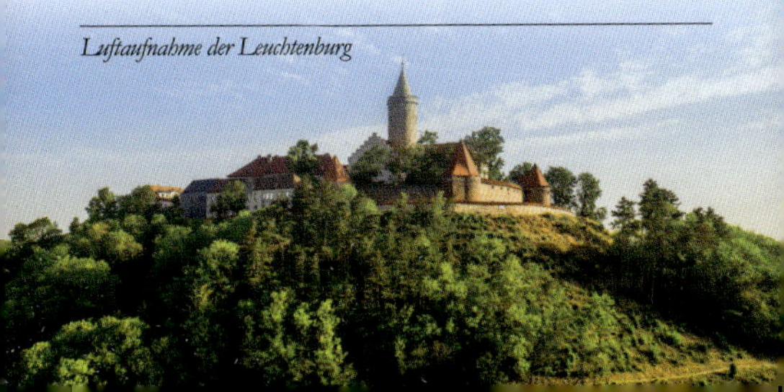

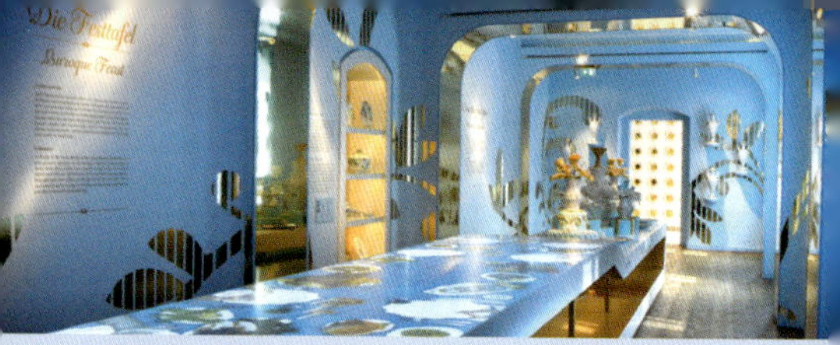

Interaktive Festtafel im Raum „Das Kostbare" der Porzellanwelten

Porzellanvase und vor dem weltkleinsten Porzellankännchen. Am Ende des Rundgangs, am Steg der Wünsche kann man einen Porzellanscherbenwunsch auf den Weg geben.

Die Stiftung Leuchtenburg als Initiator unter Stifter und Kreativleiter Sven-Erik Hitzer, hat in Tolosa nicht nur die Nominierung für den Europäischen Museumspreis entgegen nehmen dürfen, sondern setzt kontinuierlich eine Gesamtvision für das Thüringer Porzellan um.

Vertreter der Thüringer Porzellanlandschaft (v. l. n. r.): Sven-Erik Hitzer (Stiftung Leuchtenburg), Turpin Rosenthal und Martina Exner (Könitz Porzellan), Kati Zorn, Marika Rosenbusch (Wagner & Apel), Rolf Frowein (Eschenbach Porzellan), Monika Starke, Udo Dittrich (Aelteste Volkstedter Porzellanmanufaktur), Frau Hoffmann (ehemals Porzellanstraße Thüringen e. V.), Thomas Kämmer (Thomas Kämmer), Dr. Ulrike Kaiser (Stiftung Leuchtenburg), Annett und Rigo Geithe (Porzellanmanufaktur Reichenbach), Holger Raithel (KAHLA/Thüringen Porzellan) sowie Uwe Motzke (Aelteste Volkstedter Porzellanmanufaktur).

Exkurs: Thüringer Porzellanstraße & Tag des Thüringer Porzellans

Um das Bewusstsein für dieses Thüringen dominierende Handwerk in der Bevölkerung zu schärfen und touristische Angebote zu machen, wurde im Jahr 2014 der Tag des Thüringer Porzellans ins Leben gerufen und seitdem jährlich im April in ganz Thüringen durchgeführt. Ausgehend von der Leuchtenburg, sollen Gäste vom Material Porzellan positiv inspiriert werden, um ein Verlangen nach weiterer inhaltlicher Vertiefung an anderen Porzellanorten zu wecken.

Auch der 1992 gegründete Verein Thüringer Porzellanstraße mit fast 100 Mitgliedern hat seit 2018 seinen Sitz auf der Leuchtenburg. Eine Dachmarkenarbeit und touristische Belebung sowie neue kulturelle Wertschöpfung für das Thüringer Porzellan soll gemeinsam mit allen Museen, Manufakturen, Fabriken und Betrieben erreicht werden.

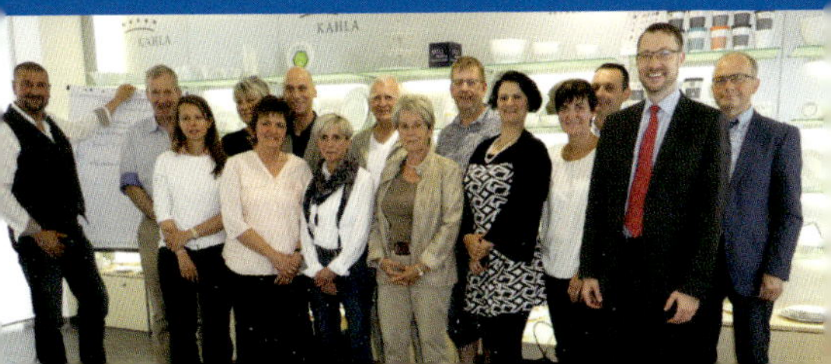

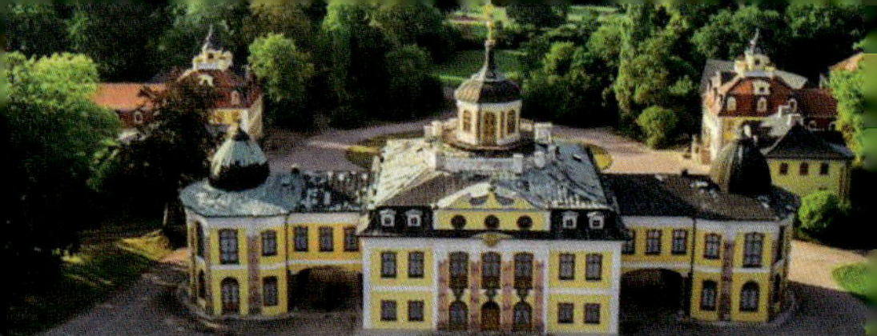

Luftaufnahme des Schloss Belvedere

Weimar

Schloss Belvedere

Nahe der Stadt Weimar liegt inmitten eines weitläufigen Parks mit Orangerie, Lust- und Irrgarten das Schloss Belvedere, erbaut 1724 als Sommerresidenz der fürstlichen Familie. Seit 1923 werden hier u. a. erlesene Porzellane aus dem Besitz des Weimarer Herzogshauses präsentiert. Die Sammlung mit chinesischen und Meissner Kostbarkeiten nahm unter Herzog Ernst August I. seinen Anfang. Es heißt, er hatte die „Porzellankrankheit" und ließ sich von den Sammlungen August des Starken in Sachsen inspirieren. Hervorzuheben sind Altthüringer Figurengruppen der Manufakturen Volkstedt, Wallendorf und Kloster Veilsdorf, die kostbare Tafeln am Hofe zierten. Das Schloss gehört als Teil des Ensembles „Klassisches Weimar" zum UNESCO-Welterbe.

Thüringer Porzellan heute – Produzenten & Künstler

Nach Einblicken in die faszinierende Geschichte, nach kuriosen und spannenden Erzählungen aus der Vergangenheit, können nun Manufakturen, Fabriken und Einzelkünstler erkundet und Werksverkäufe erobert werden.

Porzellanhunde von Uta Koloczek

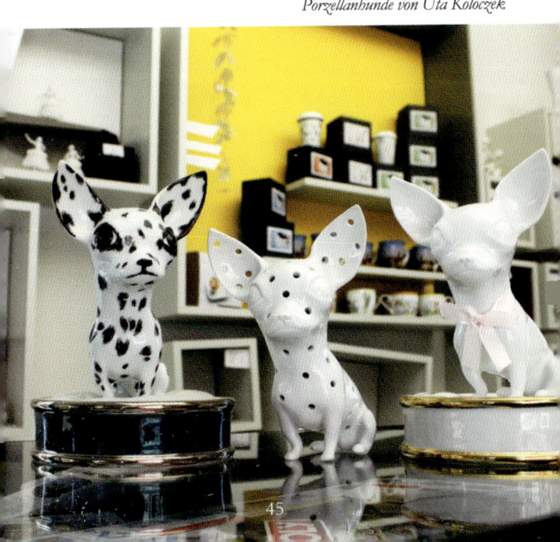

Porzellanfabrik
Kaolinvorkommen

Porzellanland Thüringen

Kerstin Kreller

Porzellanmanufaktur Martinroda
Aelteste Volkstedter Porzellanmanu
Porzellanmanufaktur Rudolf Käm
Porzellanmanufaktur Thomas Kä
Sitzendorfer Porzellanmanufaktu
Kati Zorn Porzellankunst

FCT Ingenieurkeram
FCT
Rauschert Kloster Veilsd
Rauschert Pressig-Heine
WWS Technische Kera

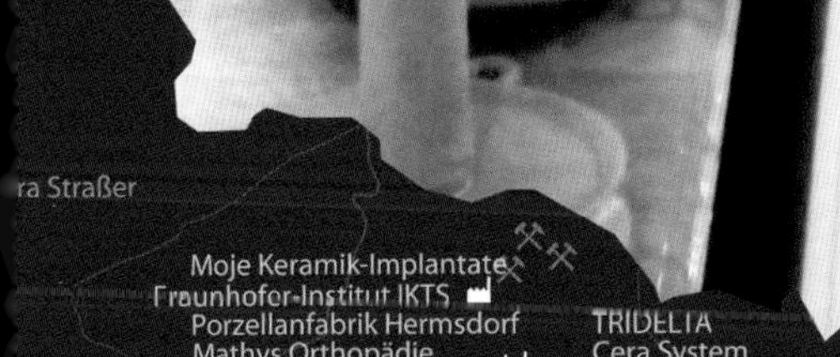
ra Straßer
Moje Keramik-Implantate
Fraunhofer-Institut IKTS
Porzellanfabrik Hermsdorf
Mathys Orthopädie
TRIDELTA Campus Hermsdorf
TRIDELTA
Cera System
H. C. Starck Hermsdorf
VIA electronic
TAMI Deutschland
Vitron Spezialwerkstoffe
Porzellanmanufaktur Reichenbach
KAHLA Porzellan
LEUCHTEN
BURG
GERA
PI Ceramic
Eschenbach Porzellan
QSIL Ceramics
Claudia Bischoff
Könitz Porzellan
Wagner & Apel
Bettina Thieme
arbeitung

Aelteste Volkstedter Porzellanmanufaktur

Mit über 40.000 Modellen schlummert hier der vermutlich größte Porzellan-Formenschatz der Welt. Fünf wertvolle Porzellanmarken werden präsentiert: die Aelteste Volkstedter Porzellanmanufaktur, Porzellanmanufaktur Plaue, Porzellanmanufaktur Scheibe-Alsbach, die Schwarzburger und die Unterweißbacher Werkstätten für Porzellankunst. Was für eine Geschichte.
Die Gründung selbst geht auf den Thüringer Erfinder des Porzellans Georg Heinrich Macheleid zurück. Heute ist die Manufaktur die älteste noch produzierende in Thüringen. 2006 wurde sie zur Gläsernen Manufaktur ausgebaut und bietet so dem weißen Gold eine beeindruckende Bühne. Wie in einem Atrium werden hochwertigste Porzellane präsentiert. Hier findet man echte Schätze, die alle noch produziert werden, wie die Spitzenballerinas oder Lithophanien, und die Werke besonderer Künstler: darunter Ernst Barlach und Gerhard Marcks.

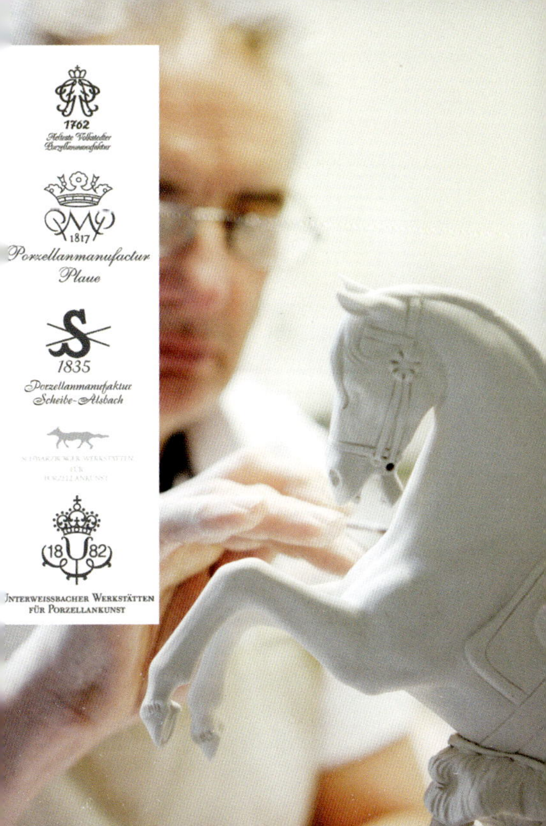
1762
Aelteste Volkstedter
Porzellanmanufaktur
1817
Porzellanmanufactur
Plaue
1835
Porzellanmanufaktur
Scheibe-Alsbach
18 82
UNTERWEISSBACHER WERKSTÄTTEN
FÜR PORZELLANKUNST

Porzellanmanufaktur Reichenbach

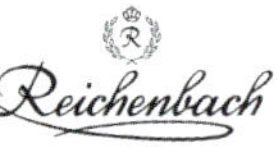

Einst soll es 19 gemeldete Porzellanmaler in dem 900-Einwohner-Dorf Reichenbach am Hermsdorfer Kreuz gegeben haben. Neun davon taten sich im Jahr 1900 zusammen und gründeten eine Porzellanfabrik. In der Region selbst – fragt man nach der Manufaktur – sind vor allem die markanten Kobaltblau-Gold Dekore und die Gräfenthaler Figuren bekannt.

Schaut man in einschlägige Lifestylemagazine, taucht der Name mit bekannten Designern auf: Paola Navone, Gerd Sommerlade oder Metz und Kindler haben Kollektionen für die Manufaktur entworfen. Die weltweit größte Porzellanvase für die Leuchtenburg entstand in Reichenbacher Handarbeit. Wie das gelingen konnte? Ganz einfach: Leidenschaft für das Porzellan, ein hoher Qualitätsanspruch, die Freude am Entwickeln neuer Designs und unternehmerischer Mut des Ehepaars Annett und Rigo Geithe sind das Erfolgsrezept aus Reichenbach.

Hochkarätige Designs aus der Manufaktur Reichenbach

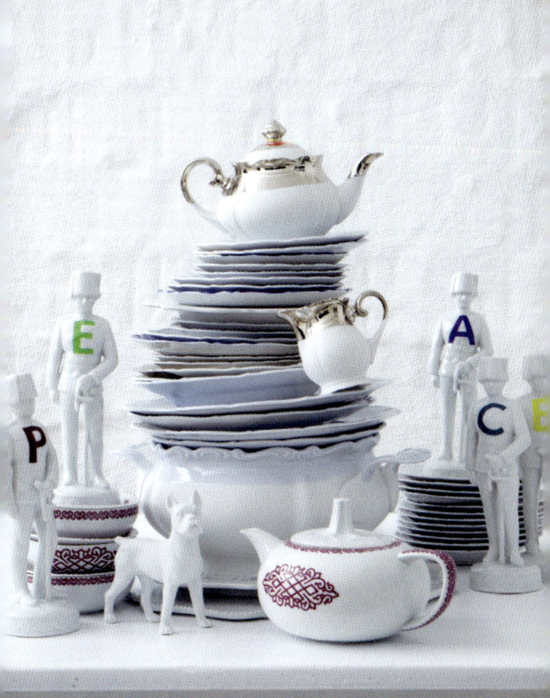
P
E
A
C
E

Eschenbach Porzellan

Bekannt ist die 1891 gegründete Porzellanfabrik in Triptis vor allem für das traditionelle Zwiebelmuster und das Weinlaub-Dekor. Heute geht man parallel zu den alten Formen neue Wege und experimentiert mit jungen Designern im PorzellanLab „Spielraum“.

2016 wurde mit der Linie „COOK & SERVE“ ein besonderes Hochleistungsporzellan auf den Markt gebracht: Ein stylischer und Hitzeschwankungen gegenüber resistenter Porzellankochtopf, der direkt auf dem Herd genutzt werden kann. Eine Innovation mit der sich die Marke die Welt des gesunden Kochens, des praktischen Servierens und stilvollen Essens in nur einem Produkt erschlossen hat.

Schornsteine als Zeichen der Industrialisierung, Porzellanfabrik Triptis, um 1900

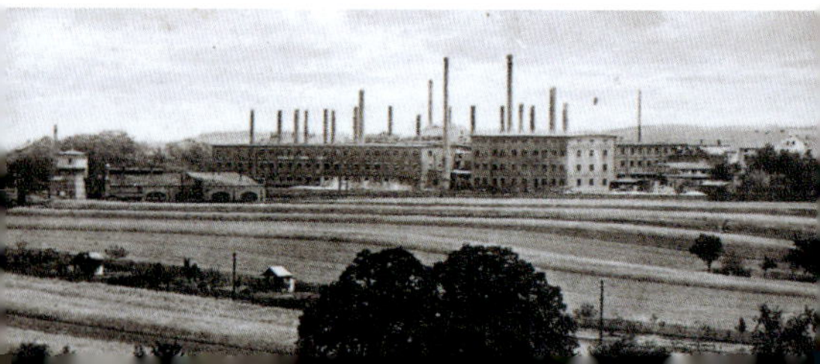

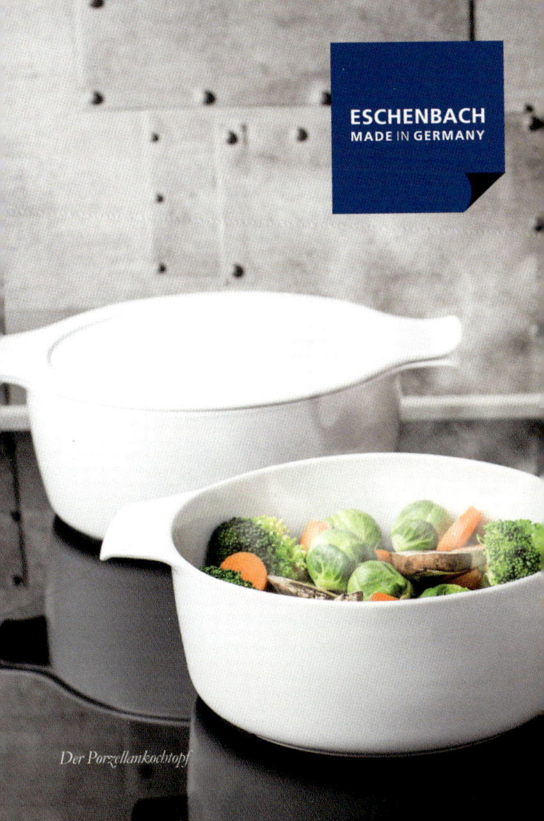
ESCHENBACH
MADE IN GERMANY
Der Porzellankochtopf

Wagner & Apel Porzellanfiguren

Wenn man hier auf Rundgang geht, stehen die Uhren still. Ins Jahr 1937 geht es zurück; die alte Dampfmaschine rattert, man steigt in die historischen Rundöfen und entdeckt die alte Thüringer Handwerkskunst hautnah. Die fünfte Generation des Gründers Bernhard Wagner ist dem Porzellan wie einst im Herzen verbunden.

Heute kann man die Manufaktur in Führungen erleben, leckeren Kaffee, Kuchen und Eierlikör kosten und hauseigenes Porzellan erwerben. In Handarbeit entstehen klassische Dekorations- und Geschenkartikel und zahlreiche Porzellanfiguren. Darunter Puppen und alle Arten von Tieren, die Noahs Arche aus weißem Gold entstehen lassen könnten. Das traditionsreiche Familienunternehmen geht dabei auch moderne Wege: Mit „Contemporary Emotions" präsentiert es handgemachte Porzellanfiguren in biskuit und für „artdentity" werden elegante Tischporzellane hergestellt.

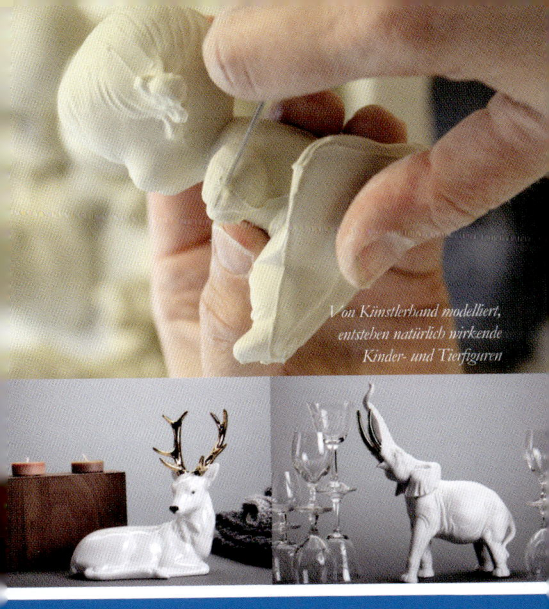

Von Künstlerhand modelliert, entstehen natürlich wirkende Kinder- und Tierfiguren

Tipp: Im kleinen Porzellinerstädtchen Gräfenthal gab es Anfang des 20. Jhs. fünf Manufakturen, deren Erzeugnisse auf dem über dem Ort thronenden Schloss Wespenstein zu bewundern sind.

Der Louvre, das MOMA und zahlreiche Prominente nutzen die Werbebecher aus Thüringen. Zum Markensortiment aus Könitz zählen über 700 verschiedene Designs auf Porzellanbechern und sie sind ungeschlagener Becher-Weltmarktführer. Mit dem neu entwickelten Porzellan-MUG kann auch der Coffee to go nachhaltig genossen werden.

In den Gründungsjahren nach 1909 stellte man neben den Tassen, auch Schüsseln und Teesätze her. Das Unternehmen agierte erfolgreich, eroberte viele, auch internationale, Märkte. Unter sowjetischer Besatzungsmacht wurden ausschließlich technische Porzellane produziert. Erst 1954 stellte man wieder auf Haushaltsporzellane um. 1993 kaufte Turpin Rosenthal, Sohn des berühmten Unternehmers Philip Rosenthal, das Unternehmen und setzt bis heute die Erfolgsgeschichte fort.

Becher aus Könitz sind in der ganzen Welt zu finden

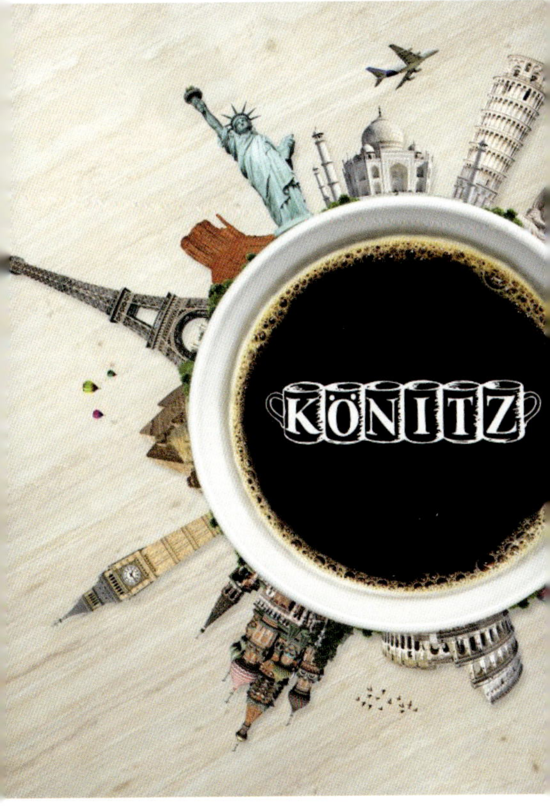
KÖNITZ

Rudolf Kämmer Porzellanmanufaktur

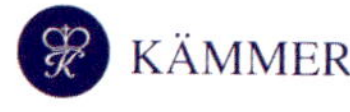

In der 1912 von Rudolf Kämmer gegründeten Manufaktur wird heute noch jede erdenkliche Persönlichkeit hergestellt: Bach, Goethe, Luther, Mozart, Chopin, Napoleon, Friedrich II. oder auch Einstein. Diese Manufaktur hat die Geschichte des Thüringer Porzellans nachhaltig mitgeprägt. Namhafte Bildhauer arbeiteten hier, und immer noch entstehen in Handarbeit hochwertige Einzelstücke. Heute wird die Manufaktur vom Enkel des Firmengründers weitergeführt – eine Familiengeschichte.

Porzellanbüsten zeigen Friedrich Schiller

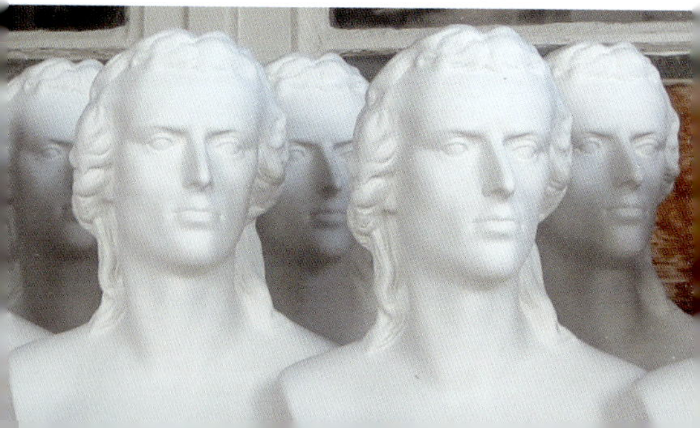

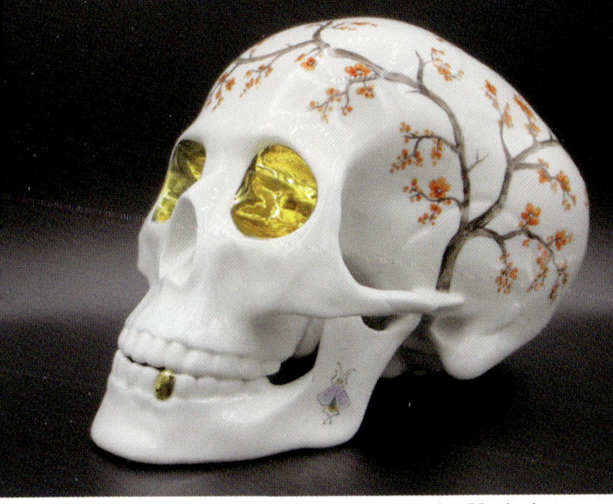

Totenkopf mit aufwendiger Handmalerei

Porzellanmanufaktur Thomas Kämmer

Christel Kämmer gründete das Unternehmen 1972, das heute Sohn Thomas weiterführt. Zuerst wurde Keramik, später Porzellan hergestellt. Die Manufaktur fertigt ein umfangreiches Spektrum an Souvenirs und Geschenkartikeln.

CK
VOLKSTEDT
Made in Germany

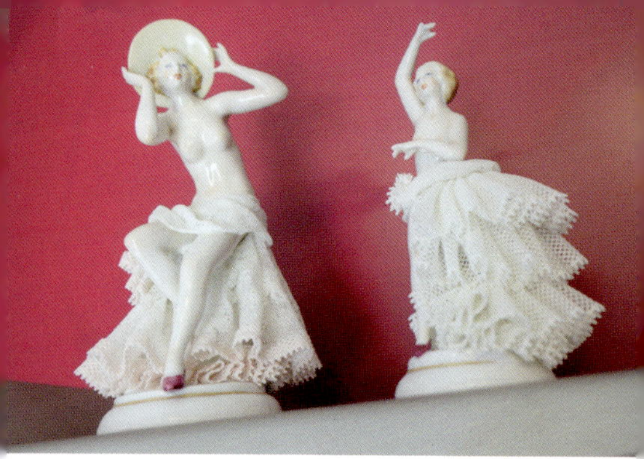

Ein Blickfang der besonderen Art: kunstvolle Spitzenfiguren

Sitzendorfer Porzellanmanufaktur

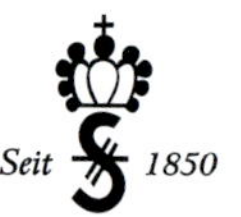

1760 erhielt Macheleid das Privileg, in Sitzendorf eine Porzellanmanufaktur zu errichten. Zwei Jahre später zog diese nach Volkstedt und 1850 wurde die Sitzendorfer Porzellanmanufaktur neu gegründet. Ihren Durchbruch und überregionale Bekanntheit erlangte sie mit der Herstellung von Spitzenballerinas, die seit 1884 bis heute hier gefertigt werden.

Legendär: Die Form „Katharina“

Exkurs: Weimar Porzellan

Die als Weimar Porzellan berühmt gewordene alte Thüringer Manufaktur im nahe gelegenen Ort Blankenhain wurde 1790 von Christian Speck gegründet. Unvergessen sind die festlichen Kobaltmalereien, verbunden mit filigranen Goldelementen. Unter anderem im osteuropäischen und arabischen Raum gehörten die kostbaren Services zum Statussymbol und waren Standard einer Hochzeitsausstattung. Mit Formen, die Bezug auf den Weimarer Hof und seine Schlossausgestaltung nehmen, wurde die Manufaktur berühmt – insbesondere die barocke Form „Katharina". Nach 228 Jahren musste die Produktion im Jahr 2018 eingestellt werden.

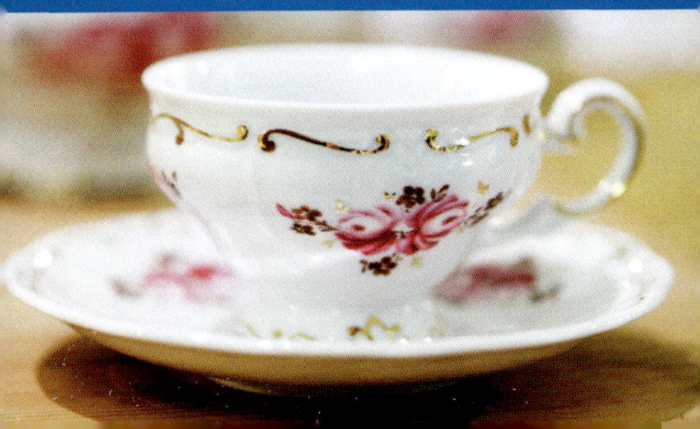

Kati Zorn

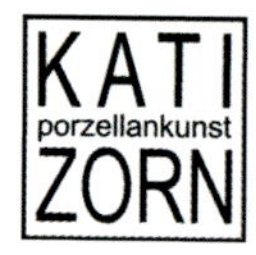

Diese Handschrift ist unverwechselbar, Kati Zorns Stil kann man aus allen heraus erkennen. Wenn man ihr Atelier in Cursdorf betritt, taucht man in Kati Zorns Welt ein, einer Welt der Charaktere und des erotischen Porzellans.

Seit dem Jahr 2000, nachdem sie lange Zeit in der Aeltesten Volkstedter Porzellanmanufaktur arbeitete, ist sie als freischaffende Künstlerin tätig. Die Vielfalt an Figuren zeugen von über 20 kreativen Jahren. Die fette Annette, Europa auf dem Stier, der Froschkönig, Ritt auf Oberon, so heißen ihre Figuren und rufen bei vielen ein Schmunzeln hervor. Eindeutig zweideutig.

Unverwechselbare Charaktere sind Kati Zorns Spezialität

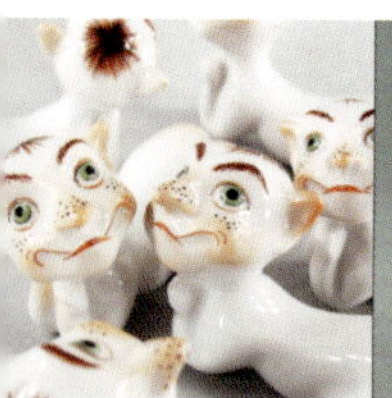

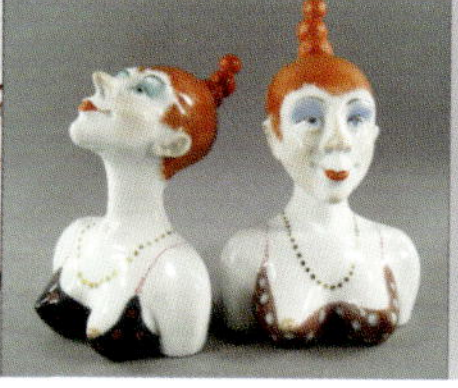

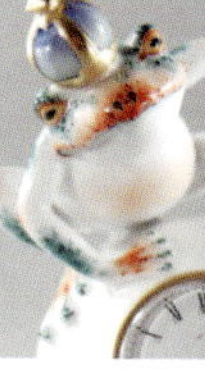

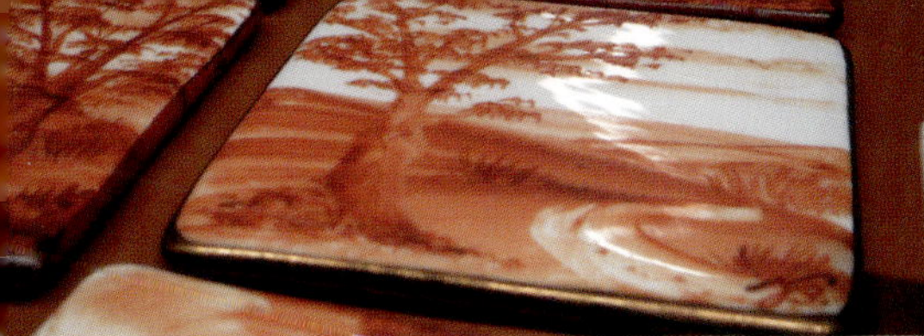

Eisenoxiderde lässt nach dem Brand warme Brauntöne entstehen

Bettina Thieme

Bettina Thieme ist Porzellanmalerin aus Leidenschaft. Neben ihrer Malerei versucht sie, den Geheimnissen aus der Geschichte ihrer Zunft auf die Spur zu kommen. Üblicherweise geben Porzellanmaler ihr Wissen nur an die eigenen Nachfahren und Nachfolger weiter, die Geheimnisse sollen ja nicht in die Hände der Konkurrenz gelangen. Daher ist Vieles nicht überliefert. Bettina Thieme gelang es nun, die erste Thüringer Porzellanfarbe zu finden und mit ihr zu malen. Unterschiedlichste warme Brauntöne entstehen aus Eisenoxiderde auf Porzellan.

Thieme ist ausgebildete Zierporzellanmalerin, arbeitete für Lichte, Könitz und ist seit 1991 als freischaffende Künstlerin tätig.

STUDIO
LAURA
STRAßER

Laura Straßer

Laura Straßer arbeitet heute für die Porzellanmanufaktur Reichenbach, KAHLA/Thüringen, JIA Inc., Lyngby, Karakter Copenhagen und viele mehr. Studiert hat sie Produktdesign in Weimar an der Bauhaus Universität und suchte sich Inspirationen bei der Arbeit mit Manufakturen im chinesischen Jingdezhen.

„Milchmomente", Koproduktion Laura Straßer & Milia Seyppel

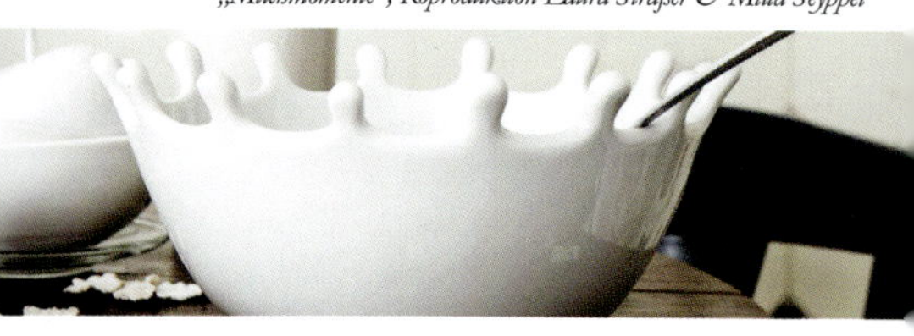

Uta Koloczek

uta koloczek
EXTRAORDINARY PORCELAIN FIGURINES

Die in Jena geborene Uta Koloczek sorgt mit einer Neuinterpretation von Tierfiguren für Aufsehen. Mal sind sie giftgrün mit weißen Punkten, mal schlichtweiß mit rosa Schleifchen, mal gelocht, mal pink mit weißem Gesicht. Ihre witzigen Mops- und Chihuahua-Figuren stehen den Klassikern in nichts nach.

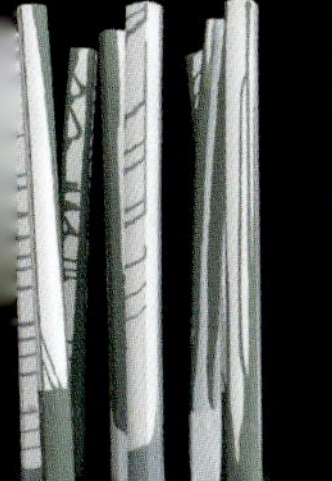
Installation

Kerstin Kreller

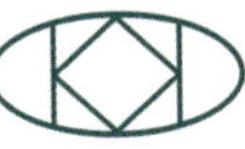

Nach einem Designstudium an der Fachhochschule für angewandte Kunst in Heiligendamm arbeitete sie acht Jahre als Designerin bei Weimar Porzellan, bevor sie sich 1993 selbständig machte. Vasen, Skulpturen, Tassen, Schalen, Schmuck und Lichtobjekte – die Künstlerin arbeitet vielseitig, experimentiert mit Färbungen.

Claudia Bischoff

chic*
by Claudia Bischoff

Claudia Bischoff ist der Youngster unter den Thüringer Porzellankünstlern. Seit ihrem Studium an der Kunsthochschule Burg Giebichenstein und an der Staffordshire University in Stoke-on-Trent ist sie als Designerin in Triptis tätig. Von ihr designte Produkte wurden mehrmalig mit dem German Design Award ausgezeichnet. Privat designt sie Schmuck aus Porzellan.

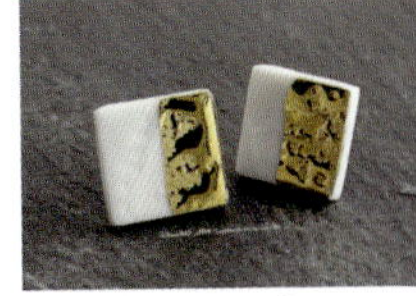
Ohrstecker aus Porzellan

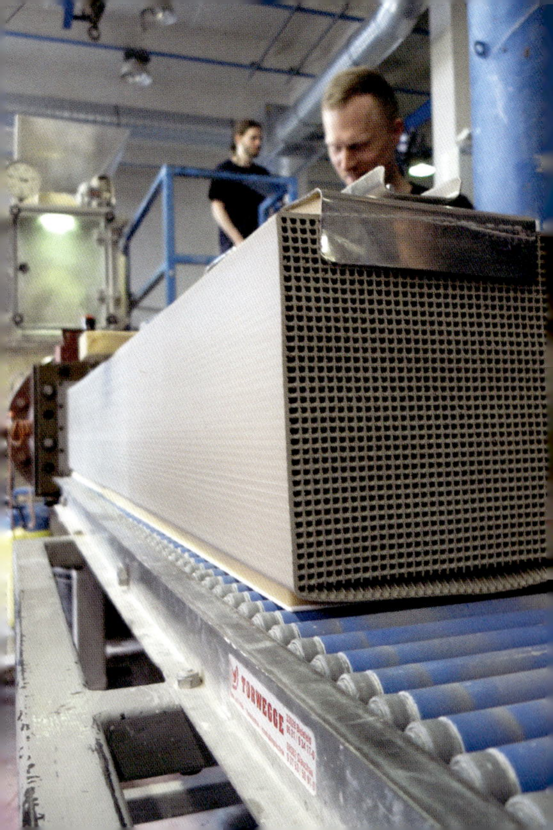
TORWEGGE

Thüringer Porzellan heute – Hochleistungskeramik

Fraunhofer IKTS

Fraunhofer-Institut für Keramische Technologien und Systeme

Das als größtes Keramikforschungsinstitut Europas geltende Fraunhofer Institut mit Standorten in Dresden und Hermsdorf hat sich der Erforschung der Keramik für innovative und zukunftsorientierte Produkte verschrieben. Erst kürzlich erhielt ein Entwicklungsteam aus Hermsdorf den Thüringer Forschungspreis für eine keramische Batterie in der Rubrik „Angewandte Forschung“.

Porzellanfabrik Hermsdorf

KWH

Seit 1890 gibt es die Porzellanfabrik Hermsdorf, die einst mit Isolatoren maßgeblich zur Elektrifizierung beitrug. Heute verlassen wabenförmige Keramiken, eingesetzt als Wärmetauscher in Anlagen der regenerativen Nachverbrennung und der Lüftungstechnik, das Werk. Außerdem werden Keramiken für Anwendungen im Maschinenbau,

Herstellung von Wärmetauschern in Hermsdorf

der elektrischen Isolation, der Metallurgie, des Verschleißschutzes sowie Laborprodukte hergestellt.

TRIDELTA-Campus

TRIDELTA CAMPUS HERMSDORF

Was mit der Porzellanfabrik Hermsdorf begann, wuchs zu einem Cluster heran. Elektroporzellane für Isolatoren waren der Anfang. Hinzu kamen viele weitere Keramikprodukte wie Wärmetauscher, Piezokeramiken, Überspannungsableiter, Biokeramiken, keramische Membranen, Verschleißkeramiken, pulvermetallurgische Produkte, um nur einige zu nennen. Rund 30 Unternehmen, Forschungseinrichtungen und Partner aus der Verwaltung schlossen sich zur Initiative „Tridelta Campus Hermsdorf" zusammen um die Wirtschaft und Infrastruktur rund um den Standort Hermsdorf zu fördern.

Exkurs: Der keramischen Tradition treu bleibend, ist die Region um Rauenstein heute ebenso ein technisches Zentrum: Die FCT Ingenieurkeramik beispielsweise stellt keramische Hochleistungswerkstoffe auf Siliziumnitrid- und Siliziumkarbid-Basis her.

Thüringer Rekorde und Superlative

Das Thüringer Porzellan kann stolz behaupten, sich in der jüngsten Moderne zum innovativen Rekordhalter entwickelt zu haben: In Thüringer Firmen entstanden nicht nur Unikate, wie die acht Meter hohe und damit weltweit größte Porzellanvase oder sogar ein filigranes Porzellan-Taufbecken – die Grenzen der Anwendungsbereiche werden neu ausgelotet, Porzellankochtöpfe, Bratwurstgrills oder Champagnerflaschen aus Thüringer Porzellan bringen der Branche neue Attraktivität und Absatzmärkte. Eine Auswahl an Rekorden und Superlativen wird hier vorgestellt; zahlreiche weitere können bei den Besichtigungen der Museen, Betriebe und Manufakturen entdeckt werden:

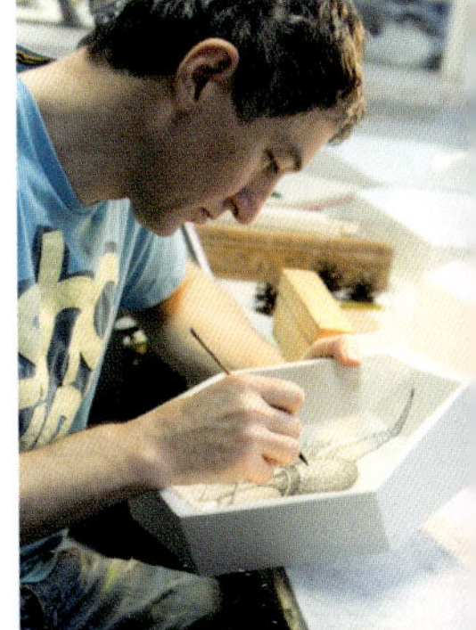

Alim Pasht-Han beim Bemalen der Wabenkörper in Kobaltblau

Die Größte Porzellanvase

Im Jahr 2015 entstand in der Thüringer Porzellanmanufaktur Reichenbach für die Porzellanwelten Leuchtenburg ARURA, ein Kunstwerk zwischen Erde und Sonne, wie sein Name sagt, auch bekannt als die größte Vase der Welt. Geschaffen wurde dieses acht Meter hohe, fast schon monumentale Denkmal für den Porzellanwerkstoff im Auftrag der Stiftung Leuchtenburg von Alim Pasht-Han, einem im Kaukasus geborenen Absolventen der Kunstschule Burg Giebichenstein. Das Einzelne lässt das große Ganze entstehen: 360 hexagonale Waben verteilen sich auf 30 Ebenen. Jede Wabe ist Teil einer Spirale, welche die Evolution der Existenz wiedergibt. Von Hand mit Gold und Kobaltblau bemalt, wird die Entwicklung vom Mikro- zum Makrokosmos über Kristalle, Steine, Pflanzen, Insekten, Tiere und Menschen sowie das Universum dargestellt.

Detailansichten von ARURA

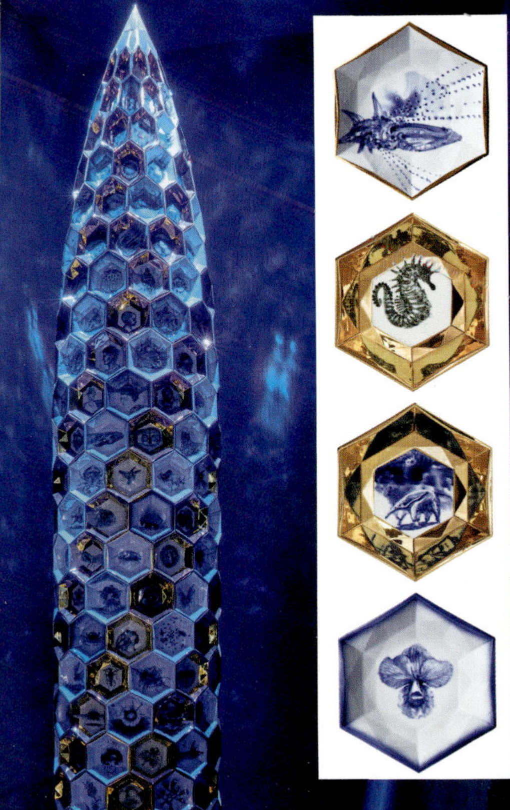

Teekanne im Miniaturformat

Sie misst unglaubliche vier mal drei mal drei Millimeter und ist dennoch aus echtem Porzellan, ging durch das Feuer und ist nun in den Porzellanwelten auf der Leuchtenburg durch eine Lupe zu betrachten: Die kleinste Teekanne der Welt. Im Labor des Karlsruher Instituts für Technologie wurde im Jahr 2014 aus den zuvor vom Fraunhofer Institut Jena dreidimensional gescannten Daten der Teekanne der Geschirrserie Centuries von KAHLA Porzellan eine winzige Gussform erstellt. Dort hinein kam die flüssige Porzellanmasse. Nach dem Brand konnte das Mini-Kännchen vorsichtig mit der Pinzette aus der Form gelöst werden.

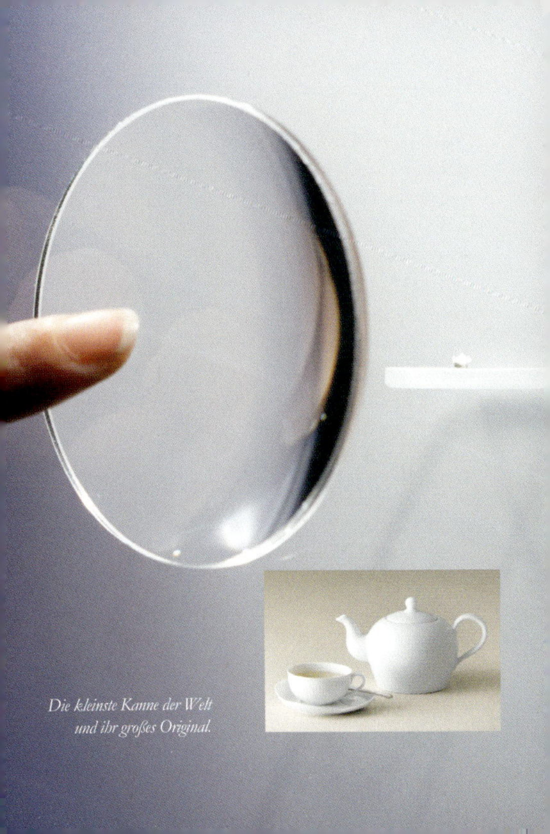

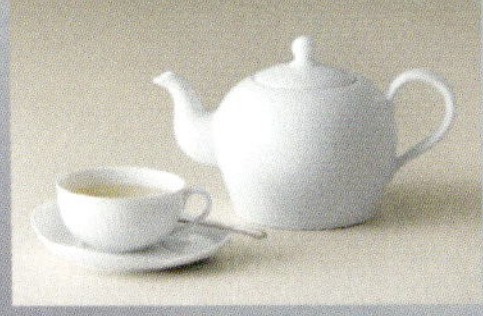

Die kleinste Kanne der Welt
und ihr großes Original.

Der Porzellangrill

Porzellan und Rostbratwurst gehören quasi zum Thüringer Kulturgut. Seit 2017 haben sich beide miteinander verbunden: zum „KeraKing® Keramikgrillrost" der WWS Technische Keramik GmbH. Die positiven Eigenschaften des Porzellans bringen unschlagbare Vorteile: Geschmacksneutralität, eine gleichmäßige Wärmeverteilung, die Kratz- und Schnittbeständigkeit der Keramikgrillstäbe sowie eine leichtere Reinigung. Ausgezeichnet wurde diese Produktidee mit dem Thüringer Innovationspreis 2017 in der Kategorie Tradition und Zukunft.

Porzellankirche & Porzellantaufbecken

Zeitlos, rein, weiß und klar. So präsentiert sich die weltweit erste Porzellankirche, die mit einem modernen Innenraumkonzept das historische Kirchengebäude auf der Leuchtenburg seit dem Jahr 2016 wieder seiner ursprünglichen Bestimmung zuführt. Zugegeben, es ist kein Thüringer Porzellan, das die 30 Lamellen des so genannten Porzellan-Vorhangs in mattem Biskuit ziert. Das

Innenaufnahme der Porzellankirche

Material Techlam kommt von der spanischen Firma Levantina – ein technisches Porzellan, dem Aluminium-Fäden beigesetzt wurden und daher die Platten für eine sechs Meter hohe Gestaltung einsatzfähig macht. Bei der Vergabe des Thüringer Staatspreises für Architektur und

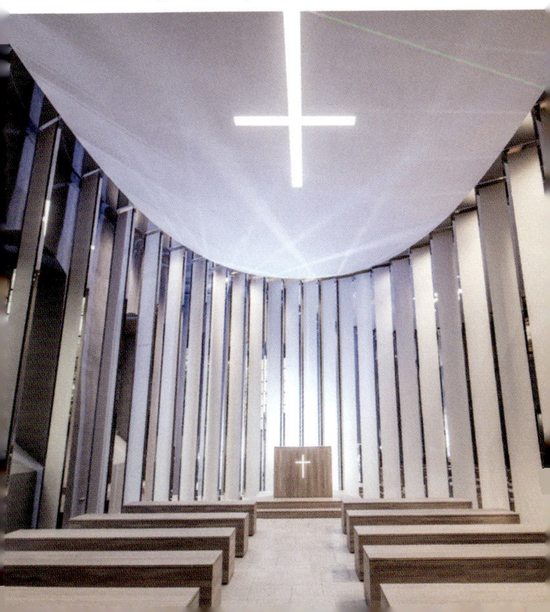

Städtebau im Jahr 2018 an Libeskind-Schüler Michael J. Brown und Sven-Erik Hitzer, der an der Burg Giebichenstein studierte, urteilt die Jury: „Die Verfasser erzeugen mit ihrem Eingriff in den historischen Raum ein völlig neues Raumerlebnis." Und eine weitere Weltneuheit ist hier zu bestaunen: Ein Taufbecken aus Porzellan, gefertigt in Handarbeit durch die Thüringer Manufaktur Reichenbach. Neun Kilogramm wiegt das acht Millimeter starke Gefäß bei einem Durchmesser von 78 Zentimetern, in das eine zarte Füllmenge von 250 Milliliter Taufwasser hineinpassen. Im Oktober 2017 wurde hier feierlich die erste Taufe des kleinen Alfred zelebriert.

Bei der Herstellung des Taufbeckens

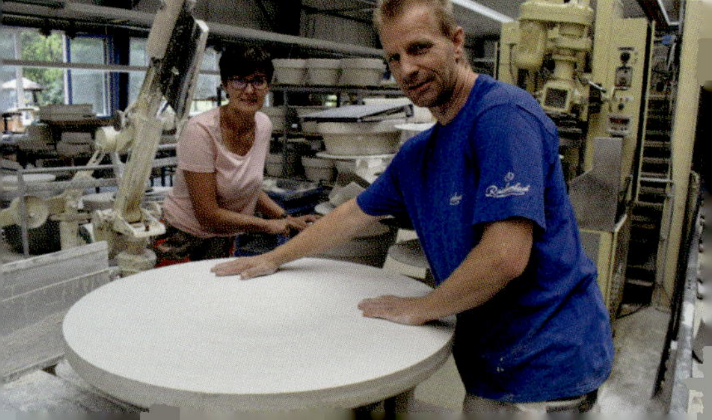

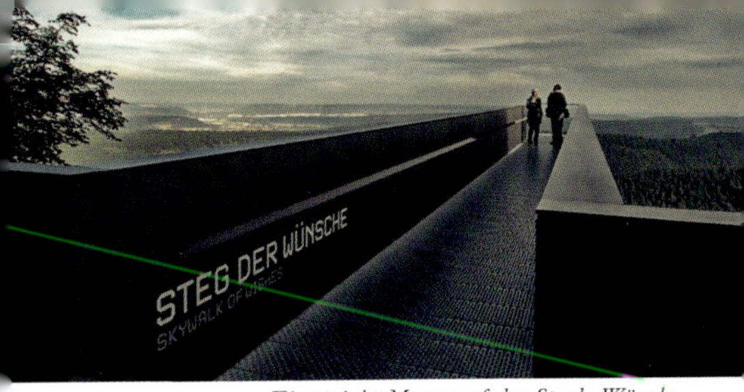

Ein magischer Moment auf dem Steg der Wünsche

Steg der Wünsche

Dass Porzellanscherben glückverheißend sind, kennt jeder vom letzten Besuch auf einem Polterabend vor einer Hochzeit. Der alte Brauch wird seit 2015 in einer künstlerischen Inszenierung auf der Leuchtenburg für jeden Besucher erlebbar. 20 Meter ragt der Steg der Wünsche über den Berghang der Leuchtenburg hinaus und wächst dabei als moderner Akzent aus der mittelalterlichen Burgmauer. Doch man betritt den Steg nicht nur wegen der Aussicht über das Saaletal. Zuvor schreibt man im Schwarzlicht mit einem UV-Stift einen persönlichen Wunsch auf einen Porzellanteller und lässt diesen dann vom Steg am Burgberg zerscherben.

Porzellanchampagner

Es ist das weltweit erste Porzellangefäß seiner Art und tatsächlich ein Gigant, hergestellt von der Thüringer Porzellanmanufaktur Reichenbach im Jahr 2018 für die Champagnermarke Cuvée Sensorium: Eine sechs Liter fassende weiße Champagnerflasche aus Porzellan, verziert mit Elementen aus 24-karätigem Gold und Motiven des amerikanischen Pop-Art-Künstlers James Rizzi. Kunstliebhaber, Ästheten und Gourmets sind gleichermaßen begeistert und Thüringer Porzellan hat erneut Geschichte geschrieben.

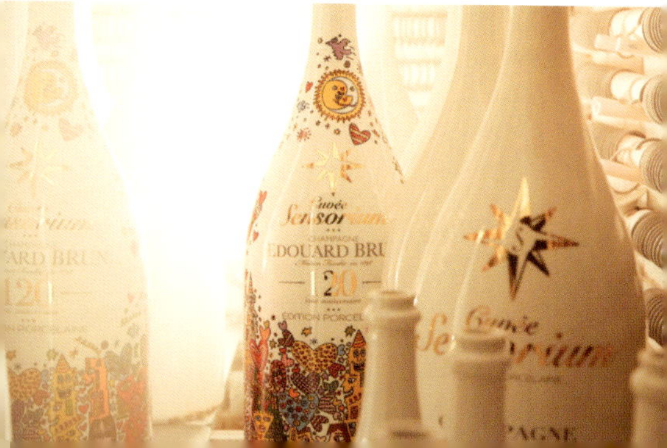

Ein Kunstwerk für sich: Champagnerflaschen aus Porzellan

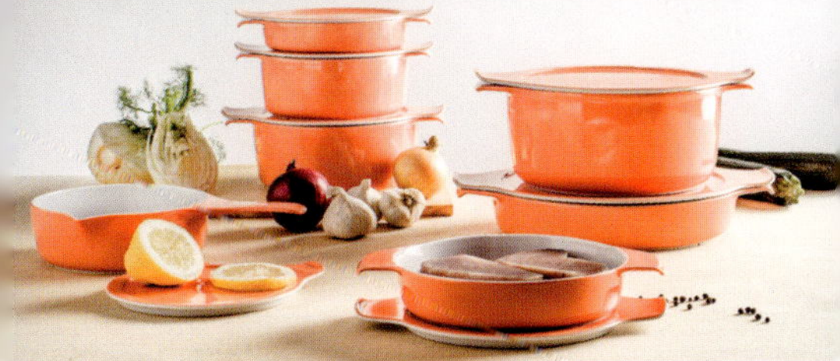

Patentierte inducTHERM®- Technologie

Porzellankochtopf

Den Thüringer und den Deutschen Designpreis sowie zahlreiche andere Auszeichnungen kann er für sich verbuchen: Mit dem Porzellankochtopf ist es Eschenbach Porzellan gelungen, ein Hochleistungsporzellan zu entwickeln, das unter Hitze auf dem Herd nicht reißt. Alle Arbeitsschritte, vom Zubereiten über das Erwärmen, das Kochen und Backen, sowie das Aufbewahren und Servieren der jeweiligen Speisen, können in nur einem Gefäß stattfinden. Das spart Zeit, Wasser und Energie. Bisherige Versuche scheiterten an der Zerbrechlichkeit von Porzellan bei großen Temperaturunterschieden. Im Triptiser Traditionsbetrieb hat man dieses Porzellangeheimnis entschlüsseln können.

Kleines Porzellan-ABC

Altthüringer Porzellan beschreibt die frühen Manufakturen mit Gründung im 18. Jh. wie Gotha (1757), Volkstedt (1760 in Sitzendorf gegründet; ab 1762 Konzession in Volkstedt), Kloster Veilsdorf (1760 gegründet; 1765 privilegiert), Wallendorf (1764), Limbach (1772), Großbreitenbach und Ilmenau (1777), Gera (1779), Rauenstein (1783), Blankenhain/Weimar (1790), Tettau (1794, damals noch zu Thüringen gehörig), Eisenberg (1796) und Pößneck (1800).

Biskuitporzellan (von lat. bis „zweimal" und frz. cuit „gebrannt") wird wie fast jedes Porzellan zweimal gebrannt, jedoch ohne Glasur. Die Oberfläche ist daher rau und erinnert ein wenig an Marmor.

Craquelèe (frz. „rissig, gesprungen") bezeichnet ein Sprung- oder Rissnetz, welches bereits im alten China aus einem fehlerhaften Glasurriss künstlich zum Dekor weiterentwickelt wurde. Zur besseren Sichtbarkeit färbt man die zarten Haarrisse bewusst mit kräftigen Farben ein.

Drehen der plastischen Porzellanmasse auf der Töpferscheibe ist eine von mehreren möglichen Herstellungsmethoden in der Porzellanfertigung. Daneben gibt es den traditionellen Guss der flüssigen

Porzellanmasse (Schlicker) in Gipsformen und seit den 1990er Jahren das isostatische Pressverfahren aus trockenem Porzellangranulat.

Elektroporzellan bezeichnet Porzellanartikel im Zusammenhang mit Elektrotechnik, die im Zuge der weltweiten Elektrifizierung um 1900 für Thüringer Porzellanunternehmen zum wertmäßig wichtigsten Exportartikel wurden. In dieser Zeit entwickelte sich die Hermsdorfer Porzellanfabrik zum Weltmarktführer. Weitere Thüringer Standorte für technische Keramik bestehen in Auma, Kloster Veilsdorf und Rauenstein. Porzellan wirkt isolierend, ist hitzeunempfindlich und verfügt bei einer Stärke von 2,5 cm über eine elektrische Durchschlagsfestigkeit von 40.000 Volt.

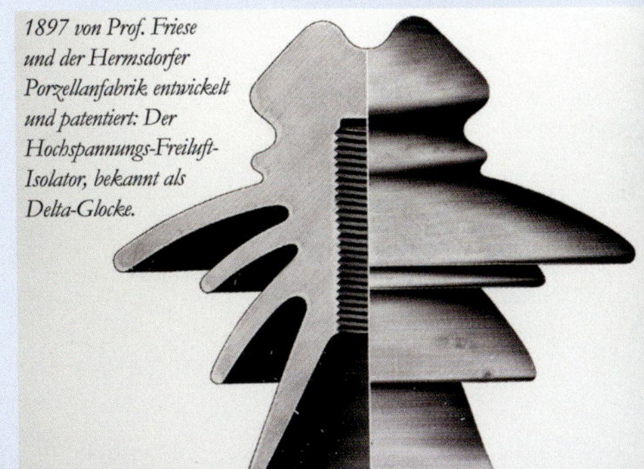

1897 von Prof. Friese und der Hermsdorfer Porzellanfabrik entwickelt und patentiert: Der Hochspannungs-Freiluft-Isolator, bekannt als Delta-Glocke.

Fayence (abgeleitet von der italienischen Stadt Faenza) ist eine Keramikart aus einem gelb-grauen oder rotbraun brennenden Ton, deren Herstellung seit ca. 6.000 Jahren in Ägypten nachweisbar ist. Bevor in Europa echtes Porzellan hergestellt werden konnte, versuchte man, mit porzellanähnlich glasierten und bemalten Fayencen dem Bedarf nachzukommen. Zahlreiche Thüringer Fayencefabriken bildeten den Grundstein für die spätere Porzellanproduktion.

Gold (Mattgold und Glanzgold) spielt bei der Porzellandekoration traditionell eine wichtige Rolle. Bei einer Temperatur von ca. 900 Grad wird das Gold eingebrannt bzw. aufgeschmolzen. Mattgold wird auch Poliergold genannt, da es erst durch Politur mit bspw. einem Achatstein den gewünschten mattschimmernden Glanz erhält.

Hartporzellan bezeichnet überwiegend das in Europa produzierte Porzellan, im Gegensatz zum traditionell in China hergestelltem Weichporzellan (weich = geringer gebrannt, bei nur maximal 1.350 Grad). Beide werden durch einen abweichenden Kaolinanteil unterschieden, der für Härte und Festigkeit ausschlaggebend ist. Hartporzellan kennzeichnet ein höherer Kaolingehalt, der bei höheren Temperaturen gebrannt werden muss (ca. 1.460 Grad) und dem fertigen Stück eine höhere Schlagbiegefestigkeit verleiht.

Isostatisches Pressen ist eine modern rationalisierte Herstellungsform von Geschirren, bei der keramisches Pulver (Pressgranulat) in eine Pressform eingefüllt und unter hohem Druck (270 bis 300 bar) verdichtet wird. Die so entstandenen Artikel müssen lediglich noch am Rand verputzt werden.

Jedermann – Porzellan für Jedermann! Diese Durchdringung von Porzellan nicht nur als Luxusgut für die adelige Gesellschaft, sondern als alltäglicher Gebrauchsartikel für Bürger und Bauern, ist besonderer Verdienst der Thüringer Firmen und ihrer Vertriebsstrategien um 1800.

Kewpie – von ihrer Beliebtheit her kann die süße Kewpie-Puppe aus der Feder der Amerikanerin Rose O'Neill durchaus als Barbie des frühen 20. Jhs. bezeichnet werden. Ein New Yorker Spielwarenunternehmen sicherte sich die Rechte für die plastische Umsetzung und ließ sie ab 1912 im thüringischen Ohrdruf in der Porzellanfabrik Kestner & Co. aus Biskuitporzellan fertigen. Der Name Kewpie leitet sich vom römischen Liebesgott Cupido ab.

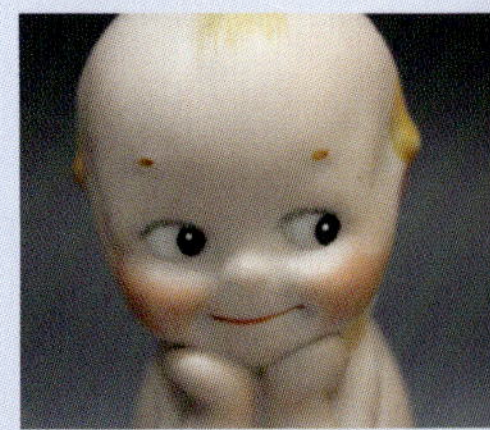

Bis heute wird der Kewpie bei Rudolf Kämmer gefertigt.

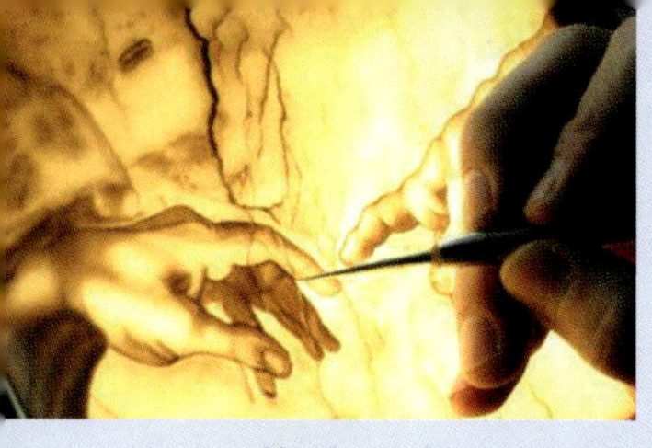

Von Licht durchschienen

Lithophanien

(von griech. lithos „Stein“, phainein „leuchten“) sind Bilder aus Biskuitporzellan, die wie ein „transluzenter Kupferstich“ wirken. Der Modelleur sticht hierzu das Bildnis in Wachs auf eine Glasplatte und fertigt davon aus Gips eine Gussform, in die Porzellan gegossen wird. Das unterschiedlich dick gestaltete Material lässt das Licht unterschiedlich stark durchscheinen, was beim Betrachter den besonderen Bildeffekt erzeugt.

Mutterform

nennt man die vom zunächst manuell gestalteten Modell entwickelte Urform, die zum Abgießen immer wieder neuer Arbeitsformen aus Gips dient. Dadurch wird das Modell reproduzierbar. Berechnet werden muss, dass sich die Porzellanmasse durch Trocken- und Brennschwindung am Ende aller Arbeitsschritte um ca. 16 Prozent verkleinert.

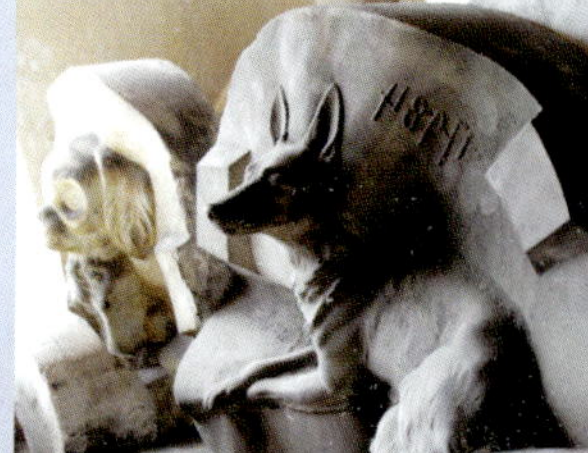

Urform als Arbeitsbasis

Nummern überall, bloß den Überblick behalten, heißt es hier! Auf der Porzellanunterseite aufgebracht, dienen sie der nachträglichen Identifizierung. Doch auch jede Form ist einzeln nummeriert und Musterbücher verraten, was zu welchem Stück gehört. In der Aeltesten Volkstedter Manufaktur lagert mit über 40.000 Modellen der vermutlich größte Porzellan-Formenschatz weltweit. Und zu jedem Modell gehören teilweise fünf bis 15 Einzelteile.

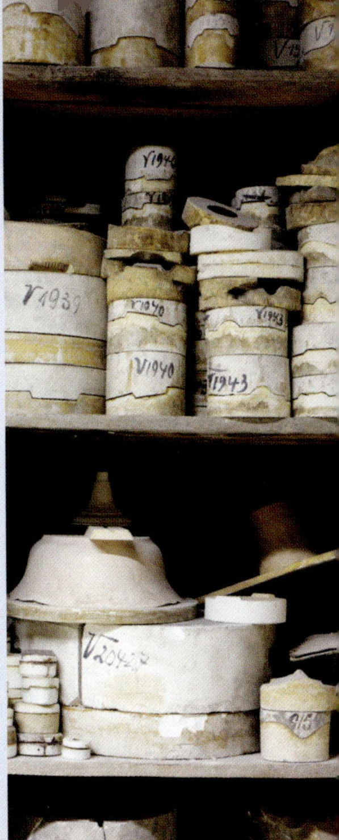

Modelle in der Aeltesten Volkstedter Manufaktur

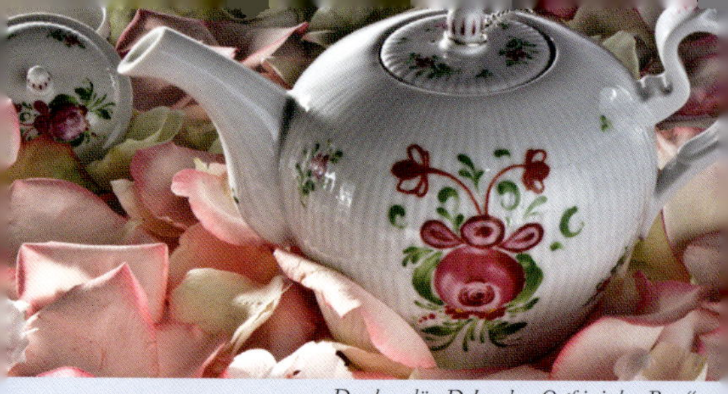

Das legendäre Dekor der „Ostfriesischen Rose"

Ostfriesische Rose – aus der Altthüringer Manufaktur Wallendorf stammt dieses Dekor einer abstrakt gemalten Rose, die aufgrund ihres Hauptabsatzmarktes auf Teegeschirr in Ostfriesland um 1800 als ostfriesische Rose in die Porzellangeschichte einging.

Porcellana ist die italienische Bezeichnung der im Meer lebenden Kaurischnecke mit glänzender, porzellanartiger Schale. Marco Polo soll als erster den Begriff für chinesisches Porzellan verwendet haben, denn er glaubte, dass aus dem zerstampften Schneckenhaus Porzellan gewonnen werden könne. Die Kaurischnecke bekam ihren Namen aufgrund der Ähnlichkeit zum weiblichen Geschlechtsorgan – abgeleitet von „porco" – Schwein, porcellus – „Schweinchen".

Quarz ist ein Mineral von milchig weißer Farbe, das der Porzellanmasse neben Kaolin (50%) und Feldspat (25%) als Quarzsand zu 25 Prozent beigegeben wird. Durch entsprechende Bearbeitung (Mahlen und Mischen) und durch Brände werden alle Stoffe miteinander zu einem Ganzen verbunden und lassen das Porzellan entstehen.

Rundofen bezeichnet eine historische Ofenart, in der die Stücke zum Schutz vor Feuergasen und Flugasche in Kapseln gebrannt werden. Die gut stapelbaren Kapseln füllen den Brennraum zudem optimal aus. Traditionelle Rundöfen können heute beispielsweise in der Manufaktur Wagner & Apel in Lippelsdorf besichtigt werden. Rundöfen wurden von Tunnelöfen und in jüngster Zeit der Schnellbrandtechnologie von Rollen- oder Brenntischöfen abgelöst.

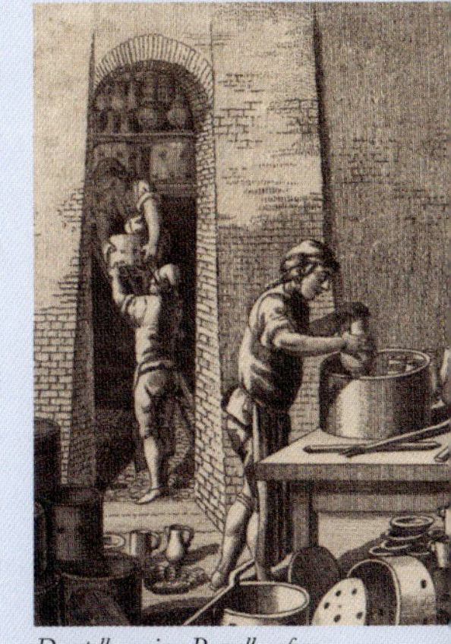

Darstellung eines Porzellanofens, Kupferstich, 1798

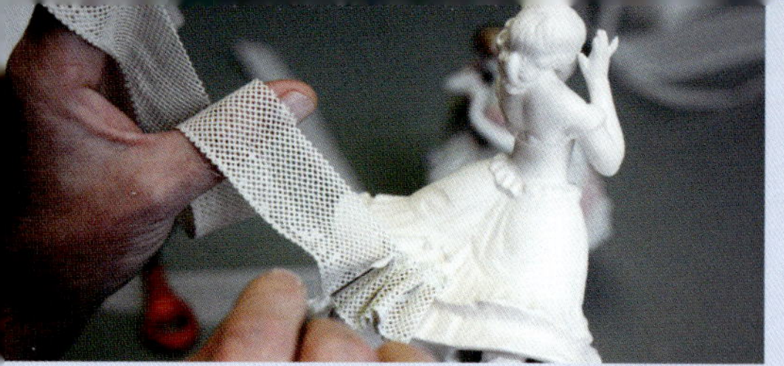

Filigrane Handarbeit

Spitzenfiguren werden Porzellanfiguren genannt, die mit textilem Spitzengewebe aus Stoff (Plauener Spitze), was zuvor in eine dünnflüssige Gießmasse aus Porzellanschlicker getaucht wurde, kunstvoll ausgestattet werden. Während des Brennvorgangs bleibt nichts mehr von der eigentlichen Spitze übrig, sondern rein die Struktur der Spitze aus Porzellan.

Tafelaufsätze sind repräsentative und dekorative Teile eines Prunkgeschirrs an einer höfischen Festtafel. Bei den aufwendig gestalteten Porzellanfiguren waren Szenen aus der griechischen und römischen Mythologie beliebt, ebenso wie die vier Elemente oder Jahreszeiten sowie Szenen berühmter Theaterstücke. Auf dem Tisch boten sie Anlass zu Gesprächen.

Unterglasur und Überglasur sind zwei verschiedene Möglichkeiten, um Porzellan zu dekorieren. Der Unterschied liegt beim Bemalen – einmal über und einmal unter die Glasur. Die Glasur wird bei Temperaturen von über 1.300 Grad gebrannt, was die meisten Farbtypen auflöst. Blau (Kobalt) und Grün (Chromverbindungen) sind klassische Unterglasurfarben. Nach dem Glasieren wird nur bei 850 Grad gebrannt, was eine höhere Farbpalette zulässt.

Verputzen nennt man das feinsäuberliche Entfernen von Gießnahten, scharfen Kanten und Unebenheiten, meistens mit einem Schwamm, nachdem das noch ungebrannte Stück aus der Form genommen wird.

Weißes Gold ist ein Synonym für Porzellan, um seine Wertigkeit und Kostbarkeit zu unterstreichen. Böttger hatte ursprünglich August dem Starken versprochen, er könne Gold herstellen. Auch wenn dies nicht gelang, mit dem Porzellan war eine alternative, reiche Einnahmequelle gefunden – das weiße Gold.

Zickig – Porzellan kann tatsächlich anders reagieren, als geplant; man spricht ihm ein Gedächtnis zu – einmal am Anfang an irgendeiner Stelle falsch berührt, kann es sich später mit einem Riss rächen.

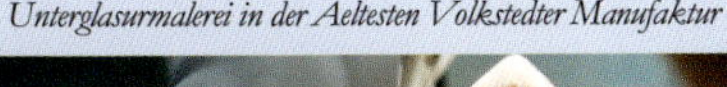

Unterglasurmalerei in der Aeltesten Volkstedter Manufaktur

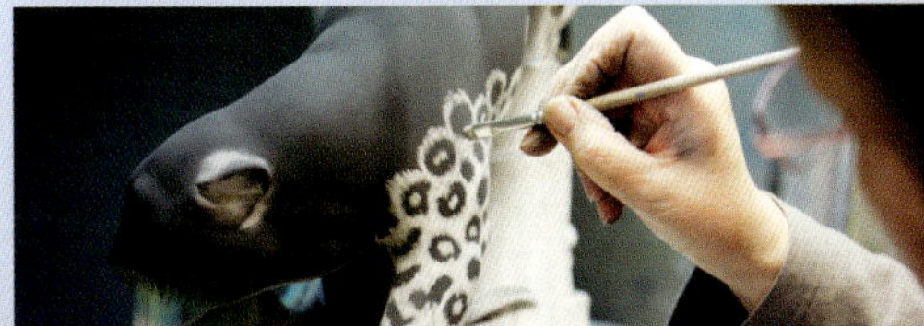

Literaturhinweise

- Ursula Koch: Porzellan und Porzelliner aus Thüringen, in: Unterwegs auf der Thüringer Porzellanstraße (Hrsg. Förderverein Thüringer Porzellanstraße e. V.), Saalfeld 2005
- Eike Küstner: Die Thüringer Porzellanstraße. Die 40 lohnendsten Ziele zwischen Kahla und Kloster Veilsdorf, Erfurt 2015
- Ute Leonhardt: 150 Jahre Porzellan. Kahla: Die Geschichte eines Unternehmens. (Hrsg. KAHLA/Thüringen Porzellan GmbH), Stadtroda 1994
- Museumsverband Thüringen e. V. (Hrsg.): Porzellanland Thüringen – 250 Jahre Thüringer Porzellan, Jena 2010
- Helmut Scherf: Thüringer Porzellan: Geschichte, Fabriken und Erzeugnisse, Seitenroda 1992
- Helmut Scherf / Jürgen Karpinski: Thüringer Porzellan: unter besonderer Berücksichtigung der Erzeugnisse des 18. und frühen 19. Jahrhunderts, Leipzig 1980
- Verband der Keramischen Industrie (Hrsg.): 100 Fragen zu Porzellan. Wieso? Weshalb? Warum?, Selb 2013

Porzellangießer im Kahlaer Porzellanwerk um 1960

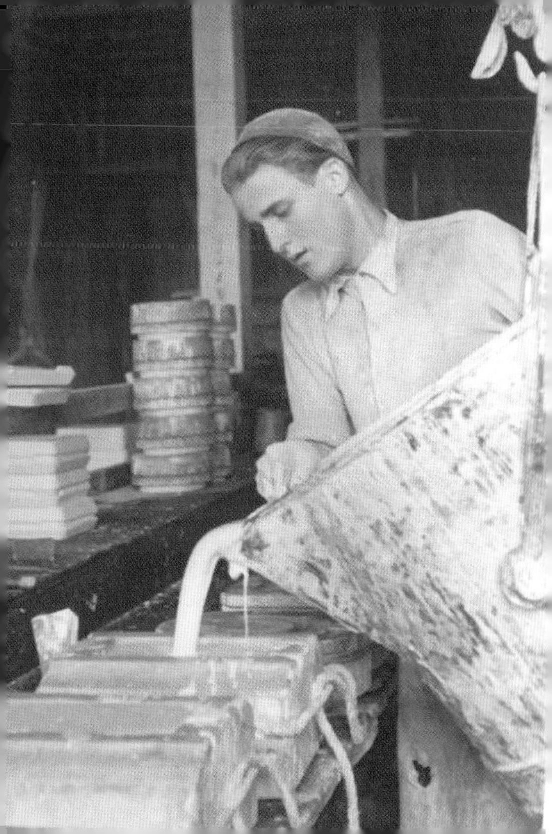

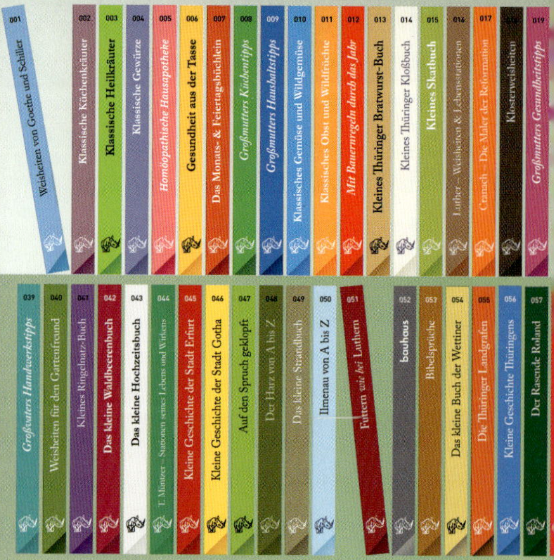

001 Weisheiten von Goethe und Schiller
002 Klassische Küchenkräuter
003 Klassische Heilkräuter
004 Klassische Gewürze
005 *Homöopathische Hausapotheke*
006 Gesundheit aus der Tasse
007 Das Monats- & Feiertagsbüchlein
008 *Großmutters Küchentipps*
009 *Großmutters Haushaltstipps*
010 Klassisches Gemüse und Wildgemüse
011 Klassisches Obst und Wildfrüchte
012 *Mit Bauernregeln durch das Jahr*
013 Kleines Thüringer Bratwurst-Buch
014 Kleines Thüringer Kloßbuch
015 Kleines Skatbuch
016 Luther – Weisheiten & Lebensstationen
017 Cranach – Die Maler der Reformation
018 Klosterweisheiten
019 *Großmutters Gesundheitstipps*

039 *Großvaters Handwerkstipps*
040 Weisheiten für den Gartenfreund
041 Kleines Ringelnatz-Buch
042 Das kleine Waldbeerenbuch
043 Das kleine Hochzeitsbuch
044 T. Müntzer – Stationen seines Lebens und Wirkens
045 Kleine Geschichte der Stadt Erfurt
046 Kleine Geschichte der Stadt Gotha
047 Auf den Spruch geklopft
048 Der Harz von A bis Z
049 Das kleine Strandbuch
050 Ilmenau von A bis Z
051 Futtern *wie bei* Luthern
052 bauhaus
053 Bibelsprüche
054 Das kleine Buch der Wettiner
055 Die Thüringer Landgrafen
056 Kleine Geschichte Thüringens
057 Der Rasende Roland

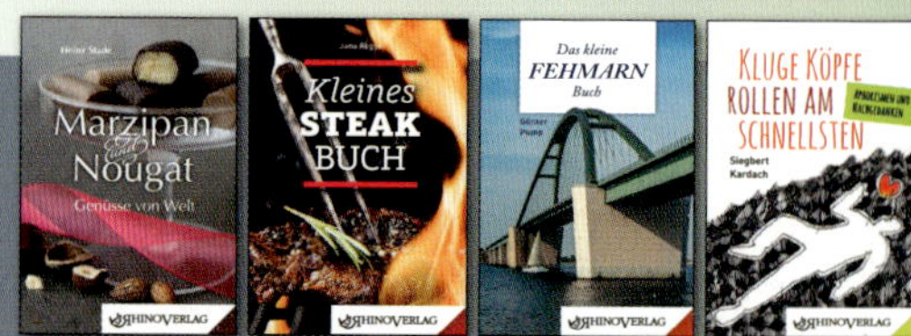

Komplettes Programm im Internet: shop.vggh.de

Neuerscheinungen ir

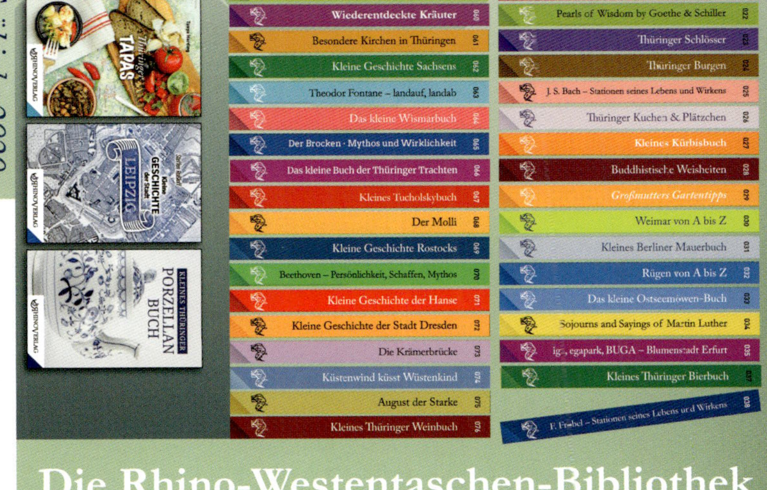

Frühjahr 2020

RHINOVERLAG

THÜRINGER PORZELLAN *Straße*

SELTENE EINBLICKE

DIE GANZE VIELFALT DES PORZELLANS!

WWW.THUERINGER-PORZELLAN.DE